数，就这样认识
SHU JIU ZHEYANG RENSHI

刘东旭◎主　编
晁倍倍　林蕊馨◎副主编

首都师范大学出版社
CAPITAL NORMAL UNIVERSITY PRESS

图书在版编目（CIP）数据

数，就这样认识 / 刘东旭主编. —北京：首都师范大学出版社，2022.5

ISBN 978-7-5656-5821-1

Ⅰ.①数… Ⅱ.①刘… Ⅲ.①小学数学课—教案（教育） Ⅳ.①G623.502

中国版本图书馆CIP数据核字（2020）第094280号

SHU JIU ZHEYANG RENSHI

数，就这样认识

刘东旭◎主编

晁倍倍　林蕊馨◎副主编

责任编辑	李佳艺
首都师范大学出版社出版发行	
地　　址	北京西三环北路105号
邮　　编	100048
电　　话	68418523（总编室）　68982468（发行部）
网　　址	www.cnupn.com.cn
印　　刷	河北鑫彩博图印刷有限公司
版　　次	2022年5月第1版
印　　次	2022年5月第1次印刷
书　　号	ISBN 978-7-5656-5821-1
开　　本	710 mm×1000 mm　1/16
印　　张	15.5
字　　数	237千字
定　　价	49.80元

版权所有　违者必究
如有质量问题　请与出版社联系退换

编委会名单

主　编：刘东旭
副主编：晁倍倍　林蕊馨
编　委：杨海霞　纪艳霞　武海深　贡爱莲　贾晓辉　吕淑红

- 序 言 -

《义务教育数学课程标准》(2011年版)颁布以来，我国基础教育数学课程与教学改革蓬勃发展，越来越多的一线数学教育教学实践和研究工作者开始重视教育教学理论对于数学课堂教学实践的重要指导作用，朝着研究型、专家型教师的方向努力前行，我国的数学教师专业化水平也随之稳步提高。

2016年9月13日国家教育部颁布《中国学生发展核心素养》，如何将学科核心素养落实到课堂教学成为迫切的要求。在此背景下的教师专业化发展进程中，小学数学学科的教育教学研究的视角已从教师的教转向学生的学，基于学习者视角的教学研究也正体现了以学生为主体的教学观。在这样的视角下，教学目标（学习目标）必须以学生已有的知识、技能和策略经验为起点，教学过程的设计也要基于此而确定学习路径，在学生的最近发展区搭建合适的脚手架，以帮助学生的学习真正发生。那么学生的最近发展区起点在哪里？脚手架如何搭？最近发展区最终的落脚点又在哪里？解决这一连串疑问的首要条件都聚焦于一点，即小学数学一线教师和教育教学研究者们要对小学数学学科整体的知识体系了然于心，紧扣数学学科核心概念和数学思想进行教学设计。

数学的认识是从人类认识数开始的，数学学科体系也是随着数域的发展而发展的。从自然数到整数，再到分数、有理数、无理数、复数等，构成一个完整的数的体系，数学课程内容也是按照这样的顺序安排。数的类型虽然不同，但它们之间又有着密切的关系。比如，"数的表示"的核心是基底和位值制，自然数和小数的基底都是十进制，不同数位上的数代表着不同意义。同时，"数的意义"的认识与数学学科核心能力的培养相联，"数感"的培养离不开数的认识的学习，而学习过程中用不同形式的表征来表达对数的概念的理解，也是"几何直观"核心能力的培养。

正是基于对以上小学数学教学改革理念和实践思考的回应，本书编者以

"数的意义"为范例,对该主题部分进行梳理,教学设计前对学生进行前测,分析学生已有的知识经验和能力基础,在此基础上梳理对应教学内容的教学目标、核心概念、重点难点、蕴含的重要数学思想及教学时要注意的问题,帮助学生将新的数纳入原有的数的认知结构中,逐步搭建自己的认知体系,整理出一系列核心课例的教学设计,汇编成册,作为广大小学数学教师、小学数学教学研究者不可多得的实用教学工具用书。经细细研读,本书具有以下几个突出特点:

一、融教育教学理论与实践于一体,具有理论深度

众所周知,《义务教育数学课程标准》(2011年版)中首次提出了"四基"、"四能"和十大核心概念,数感便是其中之一,即对数量关系和模式的意识及运用这种意识灵活解决数学问题的能力。学生具有数感的特征是他们能够对其面对的数量模式、数量关系和计算过程进行归纳并能把新知识和已有的知识联系起来。这样一种能力水平正是SOLO分类理论中的第四水平,即关联水平。SOLO分类理论是在皮亚杰分类理论基础上发展起来的,指出学生在不同学习领域表现出的对问题的不同反应,都表现出循环出现的结构复杂性层次增加的五个水平:前结构水平、单一结构的、多元结构的、关联的和扩展抽象的。从关联水平开始,学生能够将所学编入一个总体的知识框架中,从整体上把握问题中的所有相关信息,并将之进行有机整合以解决各种复杂的具体问题,当出现错误和矛盾时能自行进行信息补充或重建元素,甚至进行反向操作。我们教学的目标正是要使学生达到这一水平甚至更高的扩展抽象水平。同样,建构主义学者认为"意义建构"是整个学习过程的最终目标,所谓建构的意义是指事物的性质、规律及事物之间的内在联系,教师的任务则是帮助学生对当前学习内容所反映的事物的性质、规律及该事物与其他事物之间的内在联系达到较深刻的理解。这些理论都指向这样一个理念,即学习的目标就是能够将所学内化于心,搭建一个整体的知识体系架构。

本书就是将诸如以上的教育学、教育心理学的理论知识与小学数学教育教学实践有机结合,用理论指导实践,实践中进行理论研究和梳理,真正做到有理可据,有理可查,有理可测。每一个课例的研究从理论中来,到实践中去,再到理论的升华,整个过程既展示了他们丰富的教育教学实践经验,

又体现了编者扎实的教育教学理论基础，对广大小学数学教师的教育教学理论水平的提升起到较好的促进作用。

二、紧密联系当前小学数学课程改革实际，具有针对性

现实中，小学数学教材在对数学课程内容进行编排时既要注意数学知识的逻辑系统性，以满足教材的科学性要求，更要符合儿童的认知规律和知识发展水平，故而遵循着适当分段、螺旋上升、由浅入深、循序渐进的原则。但由于小学数学课程内容涵盖数与代数、图形与几何、统计与概率、综合与实践四个领域，涉及面广，而每个领域的知识又有密切的联系，教材的编者用混编的形式组织，将每个领域的知识内容进行分解，以数与数的运算为主线，穿插其他各领域的知识，相互配合，同时注意各领域知识本身的内在联系，构成了一个上下贯通、左右联结的知识网络。这样的整体性编排，有利于整体课程教学的顺利开展，也有利于学生对知识的融会贯通和综合运用。但是对于单个领域而言，由于知识点分散在不同学段、不同年级、不同学期，这就使得学生在对单独数学知识领域的整体知识脉络的搭建上有了一定的困难，对于教师的教学，尤其是对于新教师的教学，在教学内容的深度和广度的把握上也造成了一定的影响，容易在概念的整体把握上有所偏离。这就需要每个学段、每个年级的小学数学教师和教育教学研究者对小学数学的课程内容体系既能把握不同领域的横向联系，又能把握单领域数学知识的纵向联系，以帮助小学生搭建自己的知识结构。

本书从以上实际问题出发，以国家教育发展要求和小学数学课程与教学改革的发展为研究方向，确定研究主题"整体建构知识体系—抓住学科核心概念—落实数学核心素养"，重点结合如何将数学学科核心素养落实到小学数学课堂教学，围绕当前小学数学教师课堂教学中面临的主要问题，给出教学建议。教学过程处处体现数感、几何直观等核心能力的培养，基于任务分析的思想，强调数与现实的联系，从现实背景中抽象出数，建立数的概念，再用抽象的数应用于现实生活，理解现实世界。这与史宁中教授所提出的"会用数学的眼光观察现实世界、会用数学的思维思考现实世界、会用数学的语言表达现实世界"是一致的。将对广大小学数学教师和教学研究者开展教育教学研究以较高的指导价值。

三、基于小学数学课堂教学实践，具有可操作性

好的课必须引发对学生的认知冲突，从而激发学生真正的思考，这些认知冲突则要基于对学生"前概念"的理解程度，本书汇集大量优秀小学数学教师的教学智慧，展示的小学数学阶段"数的意义"部分的核心课例立足于小学数学课堂教学一线，课前都细致地分析任教班级学生的"前认知"，为读者提供操作性强的优秀范例。不仅是最终的研究成果，也再现了这些小学数学教师从教学实践中遇到的问题出发，开展教学实践—反思—再实践的过程，为广大小学数学教师开展课例研究提供重要参考价值。

四、内容安排逻辑顺序清晰，具有实用性

本书共安排四个章节，第一章阐述本研究成果的缘起；第二章采用表格的形式，对小学数学"数的意义"各知识点进行梳理，有层次地厘清每一个知识单元的知识脉络，进行细化；第三章则给出对应核心课例的教学设计示范；第四章概括不同类型数的教学策略，进行理论总结和提升。二三四章每一小节则按照小学数学教材的知识顺序进行安排，其中每一篇教学设计图文并茂，内容翔实，既注重教材的应用，又跳出教材走进小学生的生活实际，值得一提的是设计中的教学结构图，更利于读者对于教学案例中的教学过程有个清晰的整体认识和把握，对于小学数学教育教学研究工作者，特别是一线教师具有很强的实用价值。

本书区别于一般的教学案例集，集理论深度和实用操作于一身，是编者在小学数学教育教学实践与改革中的阶段性研究成果，反映的是一线的教师在此进程中的一次很好的课例研究探索，是后续在其他小学数学知识领域开展系列研究与实践工作的起点，这些成果对于小学数学课堂教学具有很好的借鉴作用，但是，作为教育教学实践和研究者，我们清楚地知道，课例研究不能完全进行移植，每一个优秀案例并不能应用于所有的课堂，教育教学实践中仍然存在需要进一步研究和解决的问题，我们要不断探索，为推动小学数学课程与教学改革做出更多的努力。

张春莉

北京师范大学教育学部课程与教学研究院

- 目 录 -

第一章　研究缘起……………………………………………… 001

第二章　学科知识体系建构…………………………………… 004

第三章　核心课例设计分析…………………………………… 014
 《1—5数的认识》教学设计………………………… 田新伟　014
 《0的认识》教学设计………………………… 吕淑红　张雅竹　024
 《10的再认识》教学设计…………………………… 吕淑红　035
 《11—20各数的认识》教学设计…………………… 王秋杰　045
 《100以内数的认识》教学设计……………………… 王　颖　053
 《千以内数的认识》教学设计……………………… 陈　辰　064
 《万以内数的认识》教学设计……………………… 吕淑红　077
 《大数的认识》教学设计…………………………… 胥思媛　087
 《分数的初步认识》教学设计……………… 武海深　贡爱莲　096
 《分数的初步认识》教学设计……………………… 穆　健　104
 《分数的意义》教学设计…………………………… 武海深　111
 《百分数的意义》教学设计………………… 晁倍倍　李海英　118
 《比的认识》教学设计……………………………… 林蕊馨　126
 《小数的初步认识》教学设计……………………… 贾晓辉　136
 《小数的初步认识》教学设计……………………… 张　娜　143
 《小数的意义》教学设计…………………………… 林蕊馨　151
 《小数的意义》教学设计…………………… 李雪东　纪艳霞　161

《生活中的负数》教学设计…………………………………王立涛　169

《生活中的负数》教学设计…………………………………岳慧芳　178

《生活中的负数》教学设计…………………………………陈　洁　187

《"数的认识"整理与复习》教学设计………………………张雪英　197

第四章　教学策略……………………………………………208

整数的教学策略………………………………………贾晓辉　208

分数的教学策略………………………武海深　王彦华　许　博　213

百分数的教学策略……………………晁倍倍　李海英　闫润恒　218

小数的教学策略………………………………杨　博　呼丽娟　224

负数的教学策略………………………………………张　毅　232

第一章 研究缘起

一、落实学生数学素养的必然要求

随着基础教育课程改革的不断深入，尤其是面对当前落实"核心素养"的迫切诉求，如何将核心素养与常态教学结合在一起，促使一线教师不断反思自己的课堂教学是我们面临的主要问题。数学核心素养的培养具有综合性、整体性和持久性的特点[①]。综合性是指数学素养是数学知识、能力、情感、态度的有机整合。整体性是指数学素养是超越具体数学知识技能的，需要在讲授不同知识技能的课堂中共同培养，甚至是跨越不同的学习领域来共同培养。持久性是指数学素养的培养需要一段持续性的数学学习过程。因此，学生需要内在联系、相互承接的数学学习经验，以支撑数学素养的持续发展、螺旋上升。

为了向学生提供纵向连贯、横向贯穿的数学学习经验，应从整体视角设计和实施数学课堂教学。所谓"整体视角"，有两层内涵：第一，教师要把握数学学科知识的整体结构、概念框架和发展脉络，厘清知识的内在联系，把一节课的教学内容放到整个单元、整个学习领域、小学阶段的数学教材，乃至数学学科知识体系中去思考和实施教学。教师在教学中要"瞻前顾后"，明白学生"从哪儿来"并"要到哪儿去"，在设计教学时需充分考虑学生之前已有的数学知识储备，并指向今后将继续学习的相关数学知识技能，从而确定本节课在学生理解数学本质、发展数学核心素养中的作用，明确本节课的目标定位和教学内容。第二，教师要把握知识体系中的数学核心概念，并以此

---

① 马云鹏：《小学数学核心素养的内涵与价值》，《小学数学教育》，2015年第9期，3—5页。

来统整一个领域的数学知识的学习。数学学科的概念虽庞杂，但细细梳理会发现，数学概念之间存在着密切的联系，并直接或间接地指向几个最为基本的概念，例如"位值""极限""等值性"等[①]。这些基本概念贯穿了整个小学数学课程，联系着广泛的数学知识，并反映出深刻的数学本质，可谓"牵一发而动全身"。对基本概念的理解加深了学生对数学学科本质的认识，有助学生在数学知识之间建立联系，进行概念的迁移和一般化，进而更为顺利地掌握新知识。例如学生在认识整数时学习的十进制系统可以迁移到小数的认识中，甚至推广到其他进制的系统中。

二、促进教师专业发展的现实需求

通州区小学数学教师队伍的现实情况中，教师在数学领域知识方面的短缺直接阻碍了连贯的、系统的、有效的课堂教学的开展。我区现有小学数学教师1200余名，其中青年教师（教龄5年以内）占近一半，非师范毕业生占60%左右。这支年轻的教师队伍为我区小学数学教育工作带来了活力，也给我们教师培训工作带来了压力。走进他们的课堂教学，我们发现很多新手教师在入职前没有接受过相关的数学教育，学科知识储备不足，教学时显得捉襟见肘。同时我们发现很多有一定经验的教师也存在"就课论课"的问题，备课时只备一个例题，不能从单元教学角度出发，更不知道其在整个知识体系中的地位，对所要落实的数学核心素养也只是纸上谈兵，不能设计有效的数学活动。

面对这样的情况，我们和学校领导共同商讨，如何更好地引导教师应对新的发展机遇和挑战，提升自身专业素养。学校希望区级研修部门能够开展相应的培训活动，共同改变这一状况，帮助教师站在整体建构的角度把握教材内容，使所教内容更具有系统性、整体性，从而有效促进学生对所学内容的深度理解。因此，帮助教师有效地掌握学科知识，抓住知识的内在联系，厘清知识间的逻辑关系，提高课堂教学效果，是我们区级研修部门必须要着力突破的问题。基于此，我们明确了"整体建构知识体系—抓住学科核心概念—落实数学核心素养"的区域研修方向。

[①] Askew, M. Big Ideas in primary mathematics: Issues and directions. Perspectives in Education, 2013, 31(3), 5-18.

考虑到教师实际工作中的短板与发展需求，我们以"数与代数"学习领域的核心内容之一"数的意义"为抓手，组织教师通过系统梳理领域知识，把握教学中核心要素，进而采取有效的策略和方法引导学生去理解学科本质，发展学生的数学核心素养。在这一过程中，教师们逐步明确小学生数感的发展规律与特征，在此基础上结合典型课例对教学活动进行有针对性的观察和分析，对教学的设计和实施加以改善，从而总结提炼具有可操作性的教学策略，为广大一线教师提供借鉴。学生对于数的意义的理解从计数开始，到计算结束，贯穿于数的教学过程的始终。换言之，数的意义的理解处于数的教学层次中的基础地位，而且在数的关系、数的运算及数的问题解决等后续层次的教学过程中，也在使学生不断地完善对数的意义的理解。

第二章　学科知识体系建构

一、"1—5和0数的认识"知识梳理

教学内容	教学目标	核心概念	知识基础	重难点	基本思想	教学时需要注意的问题
认识1—5	1.会读写1—5各数。2.经历逐步抽象出数的过程，理解和认识这5个数。	数感的形成	1.学生在上学之前已经认识了1—5的数字，但他们对10以内的数的意义的认识还比较片面、零散。2.数感的形成不强，大部分学生没有数感。	【重点】理解1—5各数的意义。【难点】正确规范地书写1—5。	一一对应	1.可以利用点数法或划数法去数数，这样不重复，不遗漏。2.注意利用直观物品过渡到抽象的数字；感受到数可以表示生活中任何物品的数量。
认识0	1.理解和掌握"0"的几种含义，规范"0"的写法。2.通过紧密联系生活实践活动，学生认识到数学与生活息息相关。	"0"的几种含义	1.学生对于"0"表示没有这一含义都已掌握，但对于起点、分界、占位却不是很了解。2.经过前面1—5的书写训练，有部分同学可以写得圆滑一些。	【重点】理解和掌握"0"的几种含义。【难点】能够正确规范地书写"0"。	一一对应	1.书写的起笔位置在右上角，逆时针微微倾斜地书写。2."0"表示起点这一含义要多加介绍，渗透点与段的关系。

二、"6—8和11—20的认识"知识梳理

教学内容	教学目标	核心概念	知识基础	重难点	基本思想	教学时需要注意的问题
认识6、7、8	1.会用6、7、8各数表示物体的个数，知道6、7、8的数序，会读、会写这三个数，会比较它们的大小。2.通过观察、比较、操作等实践活动，培养学生初步的观察能力和动手操作能力，渗透数形结合的思想，培养学生的数感。3.通过用数来描述生活中的物体，使学生初步感知"用数学"的乐趣，感受数学与生活的紧密联系。	数位、计数单位	学生认识了0—5，能够正确数出数量是5以内的物体的个数，掌握了读法、写法，以及5以内的数序和大小。	【重点】6、7、8的含义和写法。【难点】8的书写。	一一对应 数形结合	1.数量是6、7、8的物体的个数的点数一一对应。2.运用"前后"来描述数的位置关系。
认识11—20	1.认识11—20各数，掌握11—20各数的组成、读法和写法，掌握20以内数的顺序和大小。2.理解20以内各数个位和十位上的数字表示的意义。3.通过对比，初步体验位值制的作用。	数位、计数单位	1.学生认识了0—10，能够正确数出数量是10以内的物体的个数，掌握了读法、写法，以及10以内的数序和大小。2.学生认识了个位和十位，知道个位上的数表示几个一，十位上的数表示几个十。	【重点】能正确地数出20以内的数，掌握11—20各数的组成、读法和写法。【难点】理解20以内各数个位和十位上的数字表示的意义。	一一对应	1.数量是11—20的物体的个数的点数一一对应。2.在进行数的组成的教学时，既要出现个位在前的情况，也要出现十位在前的情况，避免出现思维定式。

三、"9和10的认识"知识梳理

教学内容	教学目标	核心概念	知识基础	重难点	基本思想方法	教学时需要注意的问题
认识9和10	1.学生能够熟练地数出数量是9、10的物体的个数，理解9、10每个数的具体含义，会读、写这两个数；知道10以内数的顺序；会比较它们的大小。2.经历从"实物"中抽象出"数"的过程；通过观察、比较、操作、交流，建立数概念、数感和初步的符号感，培养学生初步的观察能力和动手操作能力，渗透数形结合的思想。3.学生积极主动参与数学活动，感受数学与实际生活的密切联系，获得成功的体验，增强学好数学的自信心。	数感与数形结合	是10以内数的认识，属于小学数学的起始内容，也是今后学习10以内数的加减法的知识基础，更是以后学习更复杂的数学计算的基础，多数学生，由于平常生活中接触到这部分内容较多，所以掌握得也很好。但是比多、比少时，部分学生存在不清楚谁前谁后的问题；圈出几个、第几个时，较容易出现问题，特别是要求从后面数时；个别学生对10以内数的组成不太熟练。	【重点】能够熟练地数出物体的个数，理解9、10的具体含义。【难点】9、10的书写。	数形结合的思想	包括数数、认数、读数和写数，都要让学生联系具体情境，经历逐步抽象出数的过程，理解和认识这两个数，从数出数量是9、10的人数或物体个数，到用手指表示、用点子图表示，最后抽象出9、10，注意培养学生的感。

四、"万以内数的认识"知识梳理

教学内容	教学目标	核心概念	知识基础	重难点	基本思想方法	教学时需要注意的问题
万以内数的认识	1.学生通过操作实践和联系实际的活动，体验数的发展，认识计数单位"千"。2.初步理解千以内数的实际含义，能准确地说出千位、百位、十位、个位的数位顺序，了解千以内数的组成。3.初步理解相邻计数单位间的十进制关系，能认、读、写千以内的数。	数位、计数单位	本节课是在学生学习了100以内数的认识的基础上，进一步对1000以内数的探究和学习。本节课的教学在学生已经学习了"20以内数的认识""100以内数的认识"的基础上，将认数的范围扩展到千以内数的认识。这部分知识不仅是计算的基础，而且在日常生活中有着广泛的应用。	【重点】掌握千以内数的组成、数的读写、相邻数位之间的十进制关系，联系实际，体验"一千"，发展学生的数感。【难点】正确数出接近整十、整百数拐弯处的数，体会多位数中的数位意义以及相邻数位之间的十进制关系。	数形结合思想	本课目标的定位是以学生认识了100以内数为基础，同时也是学生进一步认识更大的数的基础，因此，教学中，学生通过多样的活动，数形结合，内化迁移，掌握数数方法的同时，体会计数单位"千"的产生及相邻计数单位间的十进制关系。
	1.能在数数的过程中，认识新的计数单位，感受数位产生的必要性，体会相邻两个计数单位间的十进制关系。2.培养学生读数写数的能力，并在数数中加深对"十进关系"的理解。3.通过数一数、拨一拨和估一估等活动，充分感受大数的意义，进一步培养学生的数感。	数位、计数单位	学生已经学习了"千以内数的读写"，基本上已经掌握了数的读写法则，同时对数位也有了初步的了解。根据知识的迁移，学生对于万以内数的读写，基本上能自主掌握。鉴于学生学习的情况，在教学读、写法的过程中，放手让学生自主探究，得出结论。	【重点】掌握三位数的数位顺序及写数的方法。【难点】理解满十进一的道理。数"拐弯数"，即接近整百、整千拐弯处的数。	数形结合思想	本节课难点在于，如何突破难点：拐弯数，即接近整百、整千拐弯处十位数如何数。教师应注意引导学生借助计数器突破"拐弯数"的单点。如109后面是多少、199后面是多少、999后面是多少，通过在计数器上拨一个珠子，形象地展示出来。如109添一，个位满十，向十位进一，体会109添1是110，数到999后，可以启发学生思考。通过讨论和交流，学生初步认识到任意一个数的后面总存在着一个比它大1的数，但999是最大的三位数，数位不够了，所以999添上1，每一个数位上都依次满十进一，同时体会999到1000是以1为单位累加的过程。

数，就这样认识

续表

教学内容	教学目标	核心概念	知识基础	重难点	基本思想方法	教学时需要注意的问题
万以内数的认识	1.经历数数的过程，体验数的发展，进一步认识计数单位"万"。 2.掌握万以内数的数位顺序。 3.知道万以内数的组成，并理解其意义。 4.了解生活中的大数，体会数与生活的密切联系，发展学生的数感。	数位、计数单位	在前面1000以内数的认识的教学中，部分学生如果不借助计数器就没有办法很熟练地数数，尤其是需进位的数，在脑海中形不成一种表象，必须要借助计数器才可以熟练地数数。学生已经理解相邻的两个计数单位之间的十进制关系，所以对数的组成可以利用以前学过的知识通过迁移类推的方法掌握这部分知识。	【重点】 进一步认识计数单位"万"，知道这些数的组成。 【难点】 掌握万以内的数位顺序，进一步理解相邻各位所代表的意义，了解10000有多少，发展学生的数感。	数形结合思想	学生对万以内数的组成和计数单位等容易出现错误，这往往与数的概念不清楚、数的感受不丰富有关。所以教学可以分为三个层次：第一个层次呈现小正方体图和问题，借助小正方体图引出让学生用计数单位数数的过程；第二个层次是在结构化的计数器上拨珠表示数；第三个层次教材安排了整理数位顺序表的活动，进一步明确数位顺序，理解数位的意义与作用，同时激发学生学习的兴趣。教学中注意突出计数的数学本质——用计数单位去数数。以计数单位为核心，通过几个千、几个百、几个十、几个一的组成来认识三位数和四位数。还要注意引导学生用清晰流利的语言表达数的组成。

五、"万以上数的认识"知识梳理

教学内容	教学目标	核心概念	知识基础	重难点	基本思想方法	教学时需要注意的问题
万以上数的认识（大数的认识）	1.经历收集日常生活中常见大数的过程，感受学习更大数的必要性，感受大数的实际意义，发展数感。2.结合具体情境，借助直观模型认识万以上的数，认识计数单位，了解各计数单位之间的关系，会正确数、读、写大数及比较大数的大小。3.在描述数据的过程中，感受数据改写单位的必要性，会用"万""亿"为单位表示大数。理解近似数在实际生活中的作用，能根据实际问题的需要求一个数的近似数。4.通过数与现实生活的密切联系及数的发展史，了解自然数的意义及特征，体会十进位值制计数法的价值。	数级、数位、计数单位、十进制计数法	已学过的相关内容：1.20以内数的认识。2.100以内数的认识。3.万以内数的认识。后续学习的相关内容：1.正负数的初步认识。2.小数的再认识及比较大小。3.倍数、因数、质数、合数。4.分数的再认识及比较大小。5.百分数的认识。	【重点】亿以内数的认识、读、写。【难点】中间或末尾有0的数的读、写。	一一对应、迁移类推	1.从数数开始，建立学生的数感。一个一个数、十个十个数、一百个一百个数……尤其是拐弯处的数法，9999+1是10000，使学生体会数的累加关系。2.在教学此类"延伸性、迁移性知识"时，可以让学生自主尝试、积极探索，引导学生独立思考，通过操作、观察、分析、比较、推理、发现和总结，给学生自主探索新知的时间，为学生创设"主动参与"的机会，让学生在探索中获得发展。

数，就这样认识

六、"分数"知识梳理

教学内容	教学目标	核心概念	知识基础	重难点	基本思想	教学时需要注意的问题
分数的初步认识	1.结合具体情境和直观操作，通过观察思考与体验，对分数产生初步的认识，知道几分之一所表示的含义，能正确地读写分数。2.会用折纸、涂色等方式表示简单的分数，体会建立数学概念的基本过程和方法，发展数学思维和语言表达能力。3.体会到分数的产生是生活的需要，感受数学与生活的联系。	平均分、分数的含义	二年级时学生已经学习了"平均分"，认识了"份"的概念，并把一个物体（或一些物体）平均分成几份，为学习分数奠定基础。	【重点】理解分数的含义，初步建立几分之一的概念。【难点】理解分数的含义。	渗透数形结合、函数的思想	1.强调只有在平均分的前提下，才能产生分数。2.经历分数的产生过程，在动手操作中建构分数的含义，真正理解分数的含义。
分数的意义	1.在具体情境中，理解单位"1"既可以是一个个体，也可以是一个整体，进而理解单位"1"的含义。2.在动手操作、合作交流中感受分子分母的含义，体会分数"表示整体与部分之间关系"，理解分数的意义，培养数感。3.在动手操作、合作交流中培养实际操作能力和抽象概括能力。	单位"1"、分数的意义	学生已经初步认识了分数，并且知道把一个物体、一个计量单位平均分成若干份，取这样的一份或几份，可以用分数来表示。	【重点】建立单位"1"的概念，理解分数的意义。【难点】理解单位"1"，感悟分数与单位"1"之间的关系。	渗透函数的概念及变中抓不变的数学思想	1.教学时一定要结合具体的分发，从直观上帮助学生理解分数的意义。2.可以从分物、测量等多个角度帮学生理解建构分数的意义。

010

七、"小数的初步认识"知识梳理

教学内容	教学目标	核心概念	知识基础	重难点	基本思想	教学时需要注意的问题
认识小数	1.能结合具体情境初步认识小数，能读写小数。 2.初步感知小数在实际生活中的广泛应用。	计数单位	本节课是学生在日常生活中已经接触到小数，尤其是在价签中见过小数的基础上进行的。	初步理解小数的意义。	数形结合的思想	1.要在学生的头脑里建立起小数概念的几何模型，利用小数和十进分数之间的联系理解小数意义。 2.在利用人民币单位元、角、分，长度单位米和厘米感受小数的意义时，学生不能建立起这些单位和小数之间的联系，理解起来有难度。
小数大小的比较	1.能结合具体情境比较两个一位小数的大小。 2.理解分母是10的分数与一位小数之间的关系，能将分母是10的分数与相应的小数互相转化，渗透数形结合的思想方法，理解一位小数的几何意义。	计数单位	1.对分母是10的分数已经有一定的认识和理解。 2.学生对整数大小的比较方法已掌握。	掌握小数大小比较的方法。	转换化归思想	虽然学生有了较多的生活经验，但对小数的大小的比较还是比较生疏的，这时老师可以找一些典型的、具有代表性的数据，让学生充分读，结合小数的意义再比较。
一位小数的加减法	1.会进行一位小数的加、减法运算，会应用一位小数解决生活中的简单问题。 2.了解一位小数可以描述生活中的一些现象，感受数学与生活的密切联系。	计数单位	学生学习过整数的加减法计算的算理及算法。	一位小数加减法的计算方法。	蕴含着把小数加减法转换为整数加减法的化归思想	1.对于"计数单位""数位"概念学生容易混淆，注意在教学时进行区分。 2.计算小数的加减法时要注意把重点放在掌握只有相同数位上的数才能相加减及小数点对齐的道理和方法上，还要练习小数和整数的加减法，因为学生不容易找准相同数位上的数。

八、"小数的意义"知识梳理

教学内容	教学目标	核心概念	知识基础	重难点	基本思想	教学时需要注意的问题
1.小数的意义和性质	1.理解小数的意义,认识小数的计数单位,能正确读、写小数,掌握小数的性质,能运用小数的性质改写小数,进一步培养数感。 2.掌握相邻计数单位间的进率,认识小数的数位顺序表,培养知识迁移的能力。 3.在自主探究的过程中,体会小数在实际生活中的应用,感受知识间的内在联系。	数感、数位、计数单位、十进位值制	学生在三年级已经学习了"分数的初步认识"和"小数的初步认识"的相关知识,能够依托长度单位、货币单位实现分数与小数之间的沟通;能读写不超过两位的小数,并能结合具体情境进行简单的一位小数的加减法。具备了一定的学习经验,但理解小数的含义还是有一定的困难。	【重点】理解小数的意义。 【难点】理解小数各数位上的数所表示的意义。	数形结合思想 抽象思想 符号表示思想	1.可以先复习分数的意义,例如:3分米是$\frac{3}{10}$米;可以写成0.3米,也就是同一对象的两种不同表示形式,使小数与分数建立直接联系。 2.在学习小数性质时,讲清楚为什么整数后面填上或去掉"0",大小会改变。 还可以利用方格纸,让学生用阴影表示出0.60和0.6,让学生观察比较,来理解小数的性质。
2.小数的大小比较	1.经历探索比较小数大小的方法的过程,会比较两个小数的大小,并能根据要求将几个小数按一定顺序排列。 2.探索并概括小数点位置移动引起小数大小变化的规律,培养抽象概括和解决问题的能力。 3.在探索新知的过程中,提高学习数学的兴趣。	数感、数位、符号意识、推理能力	学生已经学习了整数大小的比较方法,并能在具体情境中比较一位小数的大小。小数与整数大小的比较方法有着密切的联系,但也有所不同。	【重点】掌握比较小数大小的方法。 【难点】概括小数点位置移动,引起小数大小变化的规律。	推理思想 数形结合思想	1.如果没有小数位数的限定,任意两个相邻数之间,都有无数个小数。例如:大于0.2小于0.3的小数有9个。这样填写只想到了以0.1为计数单位的小数,忽略了以0.01、0.001……为计数单位的小数 2.小数点向左移动时,如果位数不够,要在前面添0补足。例如:把3.7的小数点向左移动两位是0.037。
3.小数的改写与近似数	1.经历小数与复名数的转化过程,理解并掌握小数的改写方法。 2.运用移动小数点的方法,熟练进行高级单位与低级单位之间的互化,体会转化思想。 3.在探究活动中感受数学与生活的密切联系。	数感、数位	学生已经掌握了用"四舍五入法"求整数近似数的方法。	【重点】把复名数或低级单位的单名数,改写成高级单位的小数的方法。 【难点】能根据单位间的进率移动小数点。	推理思想 归纳思想	进行名数间的改写时,一定要明确两个单位间的进率是多少。例如:4.26千克=(4)千克(26)克错在没有把"0.26千克"转化成以"克"为单位就直接填写。

九、"负数"知识梳理

教学内容	教学目标	核心概念	知识基础	重难点	基本思想	教学时需要注意的问题
认识正、负数	1.通过各种生活情境，初步认识负数，了解具体情境中的负数的意义，会用负数表示日常生活中的一些量。 2.能在具体情境中，知道负数与正数的区别，知道除0以外的自然数都是正数；知道0既不表示正数，也不表示负数；能够正确地读、写负数。 3.能通过对温度、海拔高度等数据的比较，比较一些生活中常见的负数的大小。 4.通过负数的表示方法，感受数学符号的作用，扩展对数的认识，为以后系统地学习有理数的知识打下一些基础。 5.通过由负数表示日常生活中的一些量，感受数学的价值，激发对数学的兴趣。	负数、正数、负数的意义	在学习本课之前，学生已经学过自然数、小数、分数，且在生活中已经积累了一些有关"负数"的生活经验，但正式接触"负数"还是第一次。	【重点】 通过具体生活实例，感知负数的意义；会正确读、写负数；体会0的作用。 【难点】 在具体情境中，用正数与负数表示相反意义的量。	分类思想方法、数形结合思想方法	负数的认识离不开现实生活中的实例。负数的产生，某种意义上就是源于解决现实问题的需要。因此，构造合适的现实问题情境，有利于学生对负数的认识。应当注意的是，这些情境要能揭示负数产生的必要性。
正负数比较大小			学习本课前，学生已经学会比较自然数、简单分数、小数的大小，因此在学习正、负数的基础上初步比较负数、正数及0的大小。	【重、难点】负数与负数的大小比较。	类比思想方法	数轴是认识负数，理解涉及负数大小比较的重要工具。数轴上的点与实数形成一一对应关系。学生在认识负数前，已经接触过数轴，知道数轴上右边的点表示的数比左边的点表示的数要大。通过类比，把这样的认识推广到负数，从而理解负数的大小关系，是不难的。并且，这样的经验还有利于学生以后学习涉及负数的运算。

第三章 核心课例设计分析

《1—5数的认识》教学设计

北京市通州区贡院小学　田新伟

一、指导思想与理论依据

《义务教育数学课程标准》（2011年版）指出：数学课程的设计，要充分考虑本阶段学生数学学习的特点，符合学生认知规律和心理特征，有利于激发学生的学习兴趣，引发学生的数学思考。本节课教师应当充分利用日常生活中与数学有关的信息，将其开发成为教学资源，从而更好地激发学生学习数学的兴趣和动力，帮助学生理解所学内容，巩固相关技能，开拓数学视野，进而满足他们学习数学的个性化需求。

二、教学背景分析

（一）教学内容分析

《1—5的认识》是京教版数学一年级上册第一单元的内容，本单元的重点之一是学习写数字和初步建立数感、符号感。会用数字、符号或图形进行表示和交流，是小学数学教学的重要目标之一。因此，本教材从学习1—5数开始，就注重了对学生进行良好的数感、符号感的培养。教学时，老师应充分利用学生的生活经验，引导学生用1—5各数来表示一些物体的个数和顺序，会用不同的方法来表示数。

（二）学生情况分析

学生在学习本课之前，在生活中已经积累了一些有关"数数""写数"的生活经验。那么学生是怎样数数的呢？学生对数字的结构和笔顺掌握到什么程度了呢？为了了解学生的基本情况，我对一年级一个班44名学生进行了前测。

前测内容如下：

（1）看图写数。

（2）看数涂色。

（3）根据下面的数画出你喜欢的图。

（4）把下列各数按从小到大顺序排一排。

（5）个别访谈：

①图中（略）一共有几只小猴？2号小猴排第几？

②把5块糖分给2个小朋友，你可以怎样分？那4块呢？

③请你帮老师数一数这里有多少支铅笔？还有别的数法吗？

1. 调研结果

（1）有13.9%的学生能完全写对；有62.8%的学生看图能把数写对，但是占格不标准；有23.2%的学生出现错误。

（2）有86.0%的学生涂对，有13.9%的学生涂错，例如：不理解题目要求，把所有的图案都涂上颜色。

（3）有74.4%的学生能正确完成；有18.6%的学生出现错误，例如：要求画3个图形却画出5个或3个图形；有4.7%的学生不理解题意。

（4）有81.4%的学生能够正确排序；有16.2%的学生出现错误，其中71.4%的学生因为1的书写错误；2.3%的学生不理解题意，以连线的形式完成。

（5）访谈10名学生：

①有100%的学生能正确数出图中有5只猴子，有70%的学生能确定前后位置，准确说出2号小猴排第4。

②有60%的学生能够把5分成2和3、1和4；有20%的学生只能把5分成2和3；还有20%的学生不会写。

③在数10支铅笔时，70%的学生会1个1个地数；60%的学生会2个2个地数；30%的学生会5个5个地数；还有20%的学生先3个3个地数再加1。

分析上面的调研结果，学生在生活中有一定的生活经验，对于数的认识

数，就这样认识

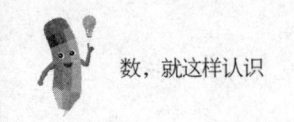

更多是依托于对数量的认识，学生在理解抽象的数时需要丰富的表象支撑。在数数的过程中，需要实际操作将物体与数一一对应。同时，一些生活经验让学生对数的认识处于"似懂非懂"的状态。初入学的儿童对数字的结构和笔顺不易掌握，有的学生往往把上、下、左、右的位置搞错（如3写成ε）。另外学生手指也不灵活，写2、3、5等数字时，拐弯处不圆滑，要写得整齐匀称就更难了。因此，学写数字要作为一个重点。为了让学生写好"1—5"各数，教材中做了示范，要求学生从开始就按照一定规格写数字，养成书写认真、一丝不苟的学习习惯。

2. 我的思考

基于以上分析，我认为本节课应主要解决以下几个问题：

（1）通过观察书中丰富多彩的图片，说一说从图片中都看到了什么，体会数可以表示物体的数量。

（2）积极鼓励学生发散思维，生活中1—5都可以表示什么，在现实情境中理解1—5各数的意义。

（3）通过动手操作，培养学生的数感，使其体会数学在生活中存在的必要性和重要性。

三、教学目标与重难点

（一）教学目标

1. 学生会用1—5各数表示物体的个数，知道1—5的数序，能认、读、写1—5各数，并注意书写工整。

2. 在看一看、数一数、摆一摆等活动中，理解1—5各数的含义，培养学生有序观察、动手操作的能力，渗透数形结合的思想。

3. 学生初步感知"用数学"的乐趣，激发学生学习数学的热情，享受创造性学习的成就。

（二）教学重难点

1. 学会用不同的物体表示1—5各数，并理解1—5各数的含义。

2. 能用数表示日常生活中物体的个数，培养数感。

四、教学思路

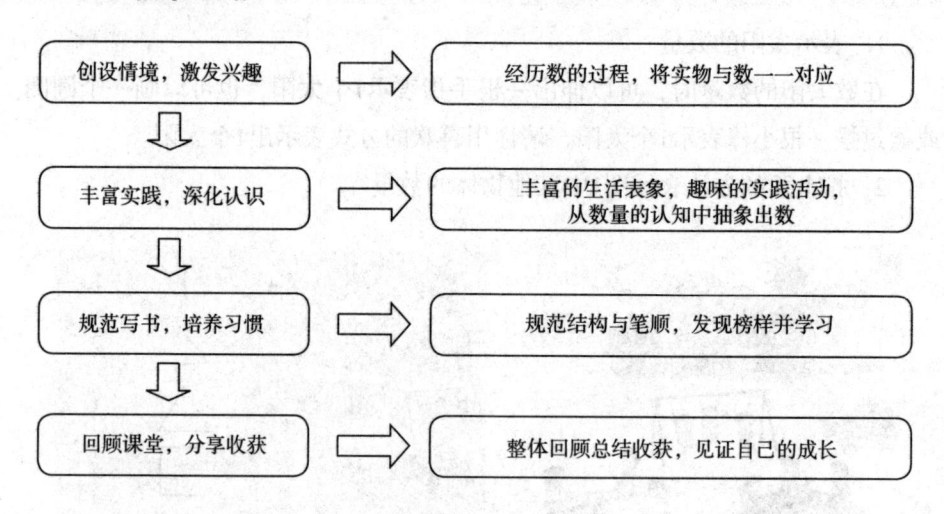

```
创设情境，激发兴趣  →  经历数的过程，将实物与数一一对应
        ↓
丰富实践，深化认识  →  丰富的生活表象，趣味的实践活动，
                       从数量的认知中抽象出数
        ↓
规范写书，培养习惯  →  规范结构与笔顺，发现榜样并学习
        ↓
回顾课堂，分享收获  →  整体回顾总结收获，见证自己的成长
```

五、教学过程

（一）创设情境，激发兴趣

1. 数出图中小朋友和其他物体的数量

（1）教师出示课件：看图（见图1），结合生活实际，描述画面内容。

清晨，太阳刚刚爬上半山腰，露出红红的"脸蛋"，小鸟在天空中自由自在地飞翔。山脚下有一些大树，每棵树上都有几只小鸟。大树前面的游乐场里，小朋友们有的在玩转椅，有的在荡秋千，还有的在玩跷跷板……

提问：谁能用数学语言说一说你从图中都看到了什么？

（2）请学生按顺序观察图片，寻找图中的数学信息。

生：1个太阳、2只小鸟在飞、12只小鸟落在树上、4个小朋友玩跷跷板、3个小朋友在荡秋千……

启发提问：看来生活中的事物都能用数来表示多少，今天我们就来认识1—5各数。

【设计意图：联系学生的现实生活，从熟悉的事物入手，按顺序观察图片，寻找数学信息，用数学语言描述图片，通过计数图中人和物的数量的过程，学生体会各数的具体含义，激发学习数学的兴趣。】

数，就这样认识

（二）在活动中经历从实物抽象出数

1. 表示太阳的数量

在数太阳的数量时，可以伸出一根手指表示1个太阳，也可以画一个圆圈或通过摆一根小棒表示1个太阳。请你用喜欢的方式表示出1个太阳。

2. 按上面的方法表示图1中其他物体的数量

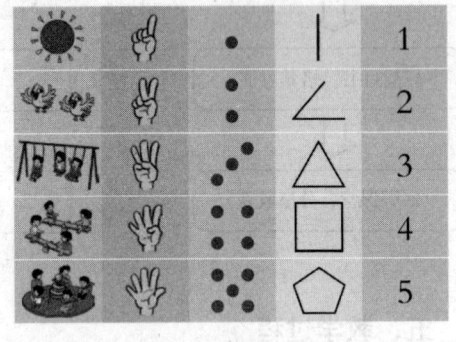

图1

图2

3. "心有灵犀"游戏

游戏规则：

学生1：展示（小棒、手指、点子图）。

学生2：说出这个数可以表示图中的什么物体。

学生3：补充其他表示方法。

【设计意图：通过游戏的方式，在说图意、数个数的基础上，引导学生用多种表征认识1—5各数，从而由实物抽象出符号，体会符号表示物体的数量。】

4. 课件出示图片

（1）仔细观察图2中有1个什么？

1个太阳、1根手指、1个圆点、1根小棒。

（2）它们有什么共同的地方？

它们都是1个，都可以用1来表示。

（3）举例说一说，生活中都可以用1表示什么？

1个人、1块黑板、1根粉笔、1件衣服、1粒米、1个游乐场……

【设计意图：通过观察并数出图中有1个太阳，1根手指，1个"○"，1根小棒，抽象出1个物体用"1"来表示，再通过丰富的生活实例深化学生对数

1的认识,"1"可以表示1个很小的物体的个数(如1粒米),也可以表示1个很大的物体的个数(如1个游乐场)。】

(4)根据图片中的信息,抽象出2—5各数。

师:天上飞着2只小鸟,伸出几根手指表示,画几个圆圈表示,摆几根小棒,用数几来表示?

预设:伸出2根手指,画2个圆圈,摆2根小棒,引导抽象出数2。

师:有几个小朋友玩秋千,可以怎么表示?你从图中观察到的人或物可以用几来表示?

预设:有3个小朋友玩秋千,伸出3个手指,画3个圆圈,摆3根小棒,可以用3表示。

追问:你还从图中观察到了什么?可以用几来表示?

预设:4个小朋友玩跷跷板,可以用4来表示。5个小朋友玩转椅,可以用5来表示。

【设计意图:在计数过程中,初步感受到同一种数量的各种事物可以用同一个数表示。】

5. 摆一摆

(1)师:请你拿出2根小棒,说一说这"2"可以表示什么?

预设:2只小鸟、2根手指、2盆花、2个苹果……

教师小结:只要他们的数量都是2,就可以用2来表示。

(2)师:拿出2根小棒摆一摆,你都能摆出什么?

预设:+、=、>、<、T……

(3)师:如果用小棒表示3个荡秋千的小朋友,你还需要再拿出几根小棒?先动手试一试,再分享你拿小棒的过程。

预设:手中有2根小棒再拿1根小棒就是3根小棒,可以表示3个荡秋千的小朋友。

师:请你摆一摆,看看用3根小棒你可以摆出什么?

预设:三角形、汉字"干"、字母"H"……

(4)照样子学习4、5。

【设计意图:通过动手操作,将抽象的1—5各数与小棒摆出的图形、汉字、符号等实物相结合,体会1—5各数的逐一递增性,展现出数学的奇妙与趣味。同时,将数学与其他学科相融合,感受数学在生活中的重要性。】

（三）规范书写，加强练习

1. 师：通过今天的学习老师发现，大家对1—5各数并不陌生，在生活中已经认识了这几个数朋友，老师还有关于这些数的儿歌，快让我们来看一看。"1像铅笔细又长；2像小鸭水上漂；3像耳朵听声音；4像红旗迎风飘；5像秤钩称东西。"

学生读儿歌。

2. 观察占格

师：儿歌能帮助我们记住这几个熟朋友的样子，要想在田字格中写好这些数，还真不是件容易的事，请你仔细观察它们在田字格中的位置。

预设：1—5各数统一占在田字格的右半格。

3. 书空练习

师：快找一找，哪些数1笔就可以写成？哪些数由2笔写成？

生：1—3都是由1笔写成的，4和5都是由2笔写成的。

教师范写，学生书空，强调笔顺和运笔的方向。

4. 书写练习

学生打开书第17页，先描红，再仿写，书写时要平滑。

教师巡视，单独指导。

5. 展示学生书写作品

生生评价，相互学习。

【设计意图：写数的重点在于指导学生写规范、写工整，注意字形、笔顺、起笔和停笔的位置及运笔的方向，体会怎样书写才能美观、漂亮，培养学生良好的书写习惯。】

（四）总结回顾，分享收获

师：通过今天的学习，你有什么收获与感想？

学生回顾课堂，自由发言。

教师小结：今天我们认识了5个数朋友，生活中大大小小物体的个数可以分别用1、2、3、4、5表示，它们的本领可真大。我们班同学的本领也不小，不仅认识了这些数朋友，书写得很漂亮，还能表示它们的含义，你们真的很了不起！

（五）板书设计

认识1—5

☀	｜	1
🦢🦢	｜｜	2
👥👥👥	｜｜｜	3
👥👥👥👥	｜｜｜｜	4
👥👥👥👥👥	｜｜｜｜｜	5

六、教学效果和评价

（一）评价方式

1. 知识与技能

检测内容：

（1）看图，画上圆点，再画图。

图3

（2）连线。

图4

2．过程与方法

能否积极参与每个环节的活动，并且是否有表达自己想法的欲望。

3．情感态度与价值观

（1）课堂表现是否积极、主动，能够全身心参与。

（2）是否能够自觉克服学习中遇到的困难，并体验到成功。

（二）评价量规

1．知识与技能

优：能够正确解答习题，能够从生活中举例。

良：能够独立解答习题，能够自查并修改。

合格：基本能够完成习题，订正后能够更改错误。

2．过程与方法

优：善于观察，能提取图片信息抽象出数，还能联系生活经验举例。

良：善于倾听，能理解老师和同学的分享，能够与他人交流想法。

合格：懂得倾听与模仿，不善于独立思考，能够接收他人观点。

3．情感态度与价值观

优：（1）课堂表现积极、主动，能够全身心参与。

（2）能够自觉克服学习中遇到的困难，并体验到成功的快乐。

良：（1）能参与课堂环节，有自己的想法，不主动表达。

（2）能够分享学习中遇到的困难，在他人帮助下解决问题，能够体验到解决困难的喜悦。

合格：愿意参与课堂，不主动提出问题，对他人提出的问题在讲解后基本能够建立相应的感性认识，有学习的收获感。

七、教学反思

（一）注重体现数学知识与生活联系的紧密性

《义务教育数学课程标准》（2011年版）明确指出：在熟悉的生活情境中，了解1—5各数的意义，会用数表示一些日常生活中物体的数量。充分利用教材资源，使学生有足够的时间观察生活场景，可见数学知识与生活的联系有多重要，从而了解数学、欣赏数学。从学生熟悉的游乐场入手，通过观察图片，计数物体数量，了解学生数数的情况，尊重学生的认知起点，通过多种表象的支撑，引导学生从数量中抽象出数，再用这些数表示生活中物体的个数，使学生经历一个从具体到抽象，再从抽象回到具体的认识的过程，发展学生的数感。从生活中学习数学，用数学知识解决生活中的实际问题，将数学与生活紧密结合。

（二）注重体现数学知识与游戏结合的趣味性

本节课结合了低年级学生注意力不集中的年龄特点，设计了"心有灵犀"和"摆一摆"游戏环节，将枯燥乏味的抽象的数学知识变成生动有趣的动手游戏。由一根根小棒的数量引导出抽象的数，将抽象的数与学生熟悉的数量一一对应，这样不仅大大地提高了学生的学习兴趣和参与程度，而且渗透了符号意识，发展了学生的数感。学生在动手操作过程中，发挥想象使用小棒创造了不同的图形、字母、汉字、符号等作品。数学中的多边形，汉字中的笔画都离不开数。通过"摆一摆"的游戏，学生发挥想象，将数学知识与其他学科知识相融合，体会到数不仅是学习数学的基础，还有更广泛的应用和重要的作用。并且学生在创作过程中，让思考在课堂上真实的发生，能够体会到成功的喜悦，在欢乐中学习数学知识，在游戏中深化认识，发现学习数学的乐趣，并喜欢上数学。

（三）注重规范数的书写，培养良好的书写习惯和审美

在写数过程中，首先通过儿歌让学生对1—5各数的样子有了形象的认识，

数，就这样认识

其次给学生充足的时间观察书写时在田字格中的占格、起笔和停笔的位置及运笔的方向。通过书空练习强调笔顺，最后描红、独立书写。学生在掌握写数方法的同时能够体会书写的美观，培养良好的书写习惯。

总之，本节课的教学设计学生参与的积极性很高，独立思考并创造作品，生生之间进行了思维的碰撞。但是本节课遗憾的是，学生对数序的认识还可以进一步加强，要让学生逐步理解自然数是"逐一递增"的。

《0的认识》教学设计

北京市通州区贡院小学　吕淑红　张雅竹

一、指导思想和理论依据

《义务教育数学课程标准》（2011年版）指出：数学课程的设计，要帮助学生建立"数感"和符号意识，使学生理解现实生活中数的意义，理解或表述具体情境中的数量关系。帮助学生理解符号的使用是数学表达和进行数学思考的重要形式。因此，在本课教学中，我创设了学生喜欢的情境，通过看一看、想一想、数一数、说一说、写一写等活动，学生了解0的含义并能规范、整洁地书写0，感悟0是来源于生活并应用于生活的，进而对身边及数学有关的事物产生兴趣。

二、教学背景分析

（一）教学内容分析

《0的认识》是京教版数学教材一年级上册第三单元的内容（见图1），本课是在学生已经认识了1—5各数的基础上进行设计的。京教版教材首先呈现的是小猴子吃桃子的情境图，通过神态各异的小猴所拿桃子的个数逐渐减少1，自然地引出当1个也没有时就用"0"来表示，在这一现实情境中学生不仅能体会"0"是一个数，它的产生是计数的需要，还能让经历创造符号的过程。同时教材出示直尺上的"0"，唤起学生的生活经验，体会"0"不仅可以表示一个数，还可以表示起点，让学生感受数学与生活的密切联系。盘子里的面包图，主要是让学生学习0和1的关系。盘子里有一个面包，用1来表示，而当盘子里的面包被小朋友吃掉没有了就用0来表示，体会1＞0或者0＜1。最后，在指导0的书写时，重点指导起笔、按怎样的笔顺运笔和落笔，逐步要求写流畅、匀称、美观。

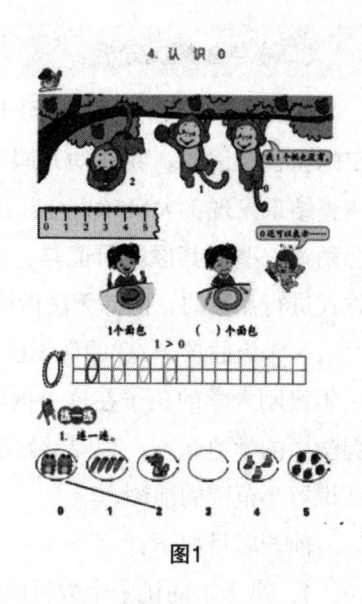

图1

以下是人教版（见图2）、北师大版的教材（见图3），不论是人教版、北师大版，还是京教版教材，相同点有三处。一是按照"从有到无"的序列先认识1—5各数，再认识表示"没有"的数字0；二是安排了认识直尺上的"0"；三是都有正确规范书写"0"的内容。因此，我初步确定了本课教学的重点，了解"0"的两种实际意义，正确规范地书写"0"。

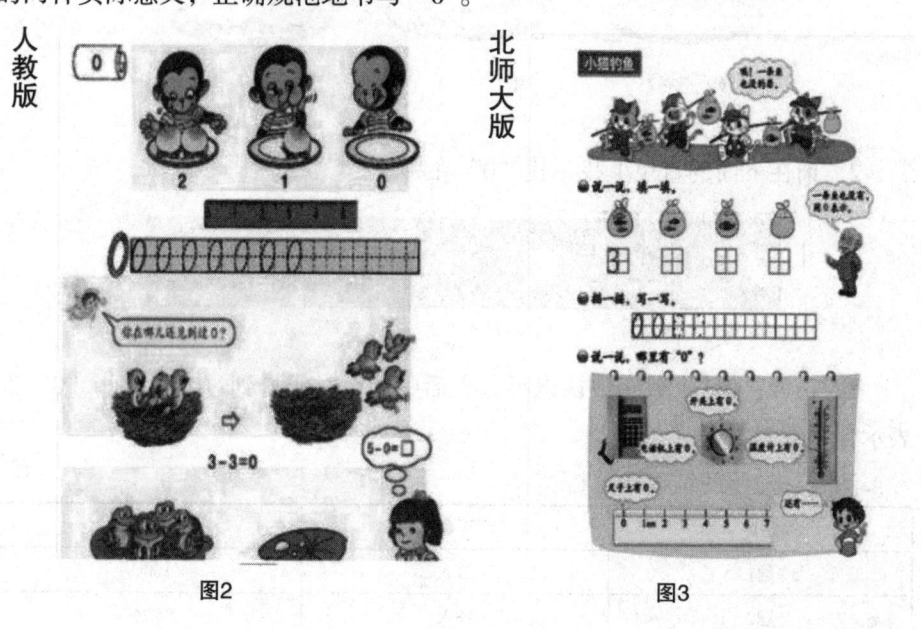

图2

图3

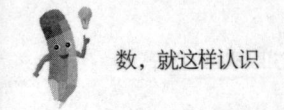

（二）学生情况分析

《0的认识》虽然是一年级上册的内容，但是很多学前孩子对0已经有了一定的认识。因此，我对幼儿园大班随机选10人做"是否认识数字0"的前测。测查结果发现：大班10人全部认识"0"，但是对于0的认识比1—5的认识似乎会稍迟一些。其原因可能是：学生在认识1—5各数的时候都是用——对应的方式进行点数的，但却无法借助这种方式来认识理解0。

一年级的孩子对0的认识已有一些生活经验，在以往的教学中，我们发现一年级刚入学的孩子在这一内容的学习上有着比较大的差异。为了更好地把握学生的学习起点，为课堂教学指明方向，我对一年级21个孩子进行了"0的认识"小范围的前测。

前测题目如下：

1. 盘子里的桃子个数可以用几来表示？

（ ）　　　（ ）　　　（ ）

2. 请在下面的直尺上找一找"0"在哪里？

3. 访谈：0这个数字你认识吗？生活中什么时候见到过0？这些"0"都表示什么意思？

测查1、2题的结果及分析：

题目	正确	正确率
题1	21人	100%
题2	18人	85.7%

这两道题的设计意图是体会"数量递减变化至0"经历从有到无的过程，理解"一个也没有用0表示"的意义。在尺子上填数，理解0表示计数的开端，表示起点。结果发现对于0表示"没有"和表示"起点"的意义，大部分学生能根据生活经验正确填写，但对于直尺上的"0"都不能说出它表示的意思。

访谈3的结果及分析。（0这个数字你认识吗？生活中什么时候用到0？这些"0"都表示什么意思？）

（1）全部认识。

（2）归类1：数字8里、幼儿园里、时间、超市价格、手机上的拨号键、书本上、玩具上、写字时、车牌号、马路的站牌、10和100里、电视的遥控上、尺子上、门牌上……

归类2：鸡蛋像0、拼音O像0、圆形像0、按钮像0、鸭蛋像0。

（3）有7人回答：0表示没有。

测查结果分析：对于0的认识，通过访谈的方式发现学生认识0的渠道各不相同，可能更趋于形象化，大部分孩子是通过实物形状来认识0的。

通过以上的分析，我有了以下的思考：

①注重情境创设，让孩子们在喜欢的情境中理解0的实际含义。

②注重经历"具体—抽象—具体"的认数过程，培养学生符号意识。

③采用多种形式正确规范地书写"0"。

④重视课上的生成资源，拓宽学生对"0"的认识。

三、教学目标与重难点

（一）教学目标

1. 学生初步了解0的含义，知道"0"和1、2、3……一样也是一个数，"0"比1、2、3小，能正确书写"0"。

2. 通过看一看、想一想、数一数、说一说、写一写等活动，体会从有到无的变化过程，培养学生符号意识，发展数感。

3. 感受数学与生活实际的密切联系，养成认真书写的良好习惯。

（二）教学重难点

1. 感知"0"，了解"0"的实际意义。
2. 能正确书写"0"，理解"0"作为起点的意义。

四、教学思路

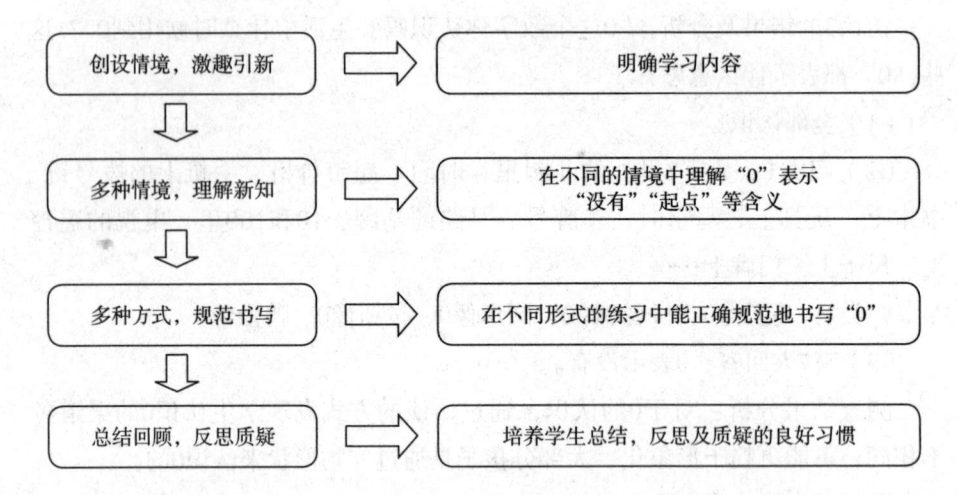

创设情境，激趣引新	⇒	明确学习内容
⇓		
多种情境，理解新知	⇒	在不同的情境中理解"0"表示"没有""起点"等含义
⇓		
多种方式，规范书写	⇒	在不同形式的练习中能正确规范地书写"0"
⇓		
总结回顾，反思质疑	⇒	培养学生总结，反思及质疑的良好习惯

五、教学过程

（一）创设情景，揭示课题

谈话：今天有很多小动物和同学们一起来上课，快来看一看，这是谁？（小猴子）

教师出示例题图：猴子摘桃。

提问：观察猴子摘桃这幅图，你知道了什么数学信息？

预设：一号小猴摘2个桃子，二号小猴摘1个桃子，三号小猴没有摘到桃子。

教师引导学生完整地表达图意：一号小猴摘2个桃子用"2"来表示，二号小猴摘1个桃子用"1"来表示，三号小猴1个桃子也没摘到，用"0"来表示。

小结并板书课题：0也向我们以前认识的数一样，它也是一个数，一个也没有时，我们就用"0"来表示。今天我们就来认识0这个朋友。

【设计意图：创设学生喜欢的猴子摘桃的故事情境，调动学生学习数学的兴趣，让学生的注意力迅速集中起来进入最佳的学习状态，初步感知"0"表示"没有"的意思。】

（二）在具体情境中深入理解"0"的含义

1. 进一步理解"0"表示没有的含义。

图4

（1）课件出示小动物套圈图：

师：每只小动物各套了几个圈？可以用几来表示？

同桌学生选出自己喜欢的小动物说一说。

请同桌学生汇报，其他学生质疑评价。

追问："0"表示什么？

小结：当一个物品也没有时，就用0来表示。

【设计意图：在小猴摘桃和小动物套圈的情境中，体会0作为符号产生的必要性及价值，知道0和1、2、3……一样也是一个数，表示一个也没有。】

（2）说故事。

请学生举出生活中用"0"表示"没有"意思的例子。

预设：妈妈给我买了3个气球，一不小心都飞走了，一个也没有了就用0来表示。……

【设计意图：学生在举例的过程中，经历了把总结出的抽象的符号0再次进行具体化的认数过程，深刻理解了"0"表示"没有"的意思，发展了自身的数感。】

2. 理解"0"表示起点的意思。

（1）帮数朋友找家。

教师出示1—5各数，请几名学生帮助这几个数按顺序排成一队，其他学生按顺序读数并判断是否正确。

提问："0"应该排在哪呢？

请一名学生帮助0找家，其他学生判断。

师：0为什么在1的前面呢？

预设：因为它表示没有，0比1小；0比1、2、3、4、5都小；0比它后面的数都小。

小结并板书：0<1、1>0。

（2）理解"0"表示起点的意思。

师（出示下面板书中的大号尺子）：这样的排列在我们的尺子上也可以看到，请学生按顺序读数。

提问：尺子上除去我们读的这些数，你还发现了什么？（尺子上有很多小竖道）

教师明确相邻的两个小竖道之间是1个格子，请学生数尺子上的格子。

师：小兔玩跳格子游戏，它从这个最小的零开始跳，你知道它一共跳了多少格吗？你是怎么数的？

学生用教师发的小尺子学具先独立地数格子，再汇报自己的想法。

预设：小兔子跳4个格子；小兔子跳5个格子……

引导学生之间互相质疑、争辩："小兔跳了4格还是5格？"

教师小结：虽然是从零开始，但是0到1是一个格子，实际上还是从1开始数的，所以0在直尺上是起点、开始的作用。

【设计意图：学生在看一看、想一想、说一说、辨一辨活动中，理解了"0"表示起点的意思，培养了自身的质疑精神。】

3. 丰富对0的认识。

师：你们还在什么地方见过"0"？

学生举例：生活中的"0"（教师学生的举例拓宽0的含义）。

预设：温度计上的"0"；10这个数中有"0"……

请学生用手感受0℃冰水混合物的温度，明确温度计上的"0"是零上温度和零下温度的分界线。

（三）用多种方式，正确规范地书写"0"

1. 师：我们已经认识了0，你能说说0像什么样吗？

预设：0像个鸡蛋，像鸭蛋，像圆圈。

师：请同学们看一看，黑板上的0像圆圈吗？

预设：不像，0没有那么圆，有一点长，有一点扁，像个椭圆。

师：观察得真仔细。这有一首关于0的儿歌，大家来读一读。

学生齐读儿歌："数字0，像鸡蛋，上下长，左右扁。"

2. 示范写"0"。

师（在田字格里示范写"0"）：0到底怎么写呢，请大家注意观察哦，从右上角起笔，向左，向下，收笔，和起笔相连。看，写出来的线多圆滑呀。

请学生闭上眼睛，想一想0的样子，然后伸出手指，跟着老师在桌子上写一个0。

3. 请学生当小老师带领其他学生练习书空0。（书写时可以边写边说"0"书写的过程）

4. 打开书描红田字格里的0，展示评价。

（四）总结回顾，反思质疑

师：通过本节课的学习，你有什么收获或问题？

学生自由发言谈感受。

小结：今天我们认识了一个新的数朋友"0"，当一个也没有时，可以用0表示，在尺子上0表示起点。"0"还有很多的地方用到它，下课后同学去生活中找找吧！

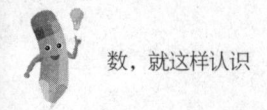

（五）板书设计

0的认识

六、教学效果和评价

（一）评价方式：后测题

检测对象：全体授课学生。

检测目的：是否正确掌握了0的两种含义；能否正确规范的书写0。

检测题目：

1. 栅栏上有几只小鸟，请你在田字格里写出来。

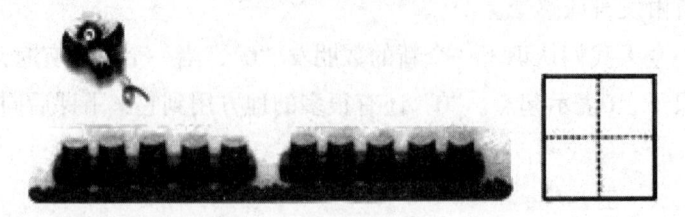

2. 观察尺子图，填一填，说一说。

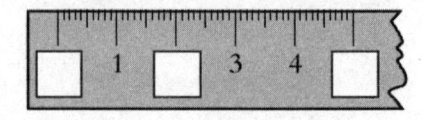

尺子上的"0"表示什么意思？

（二）评价量规

1. 知识与技能

优：能够正确地解答检测题目并说出背后的道理。

良：能够正确地解答检测题目。

合格：修改后能够正确地解答检测题目。

2. 过程与方法

优：对"0的认识"有正确的理解，并能有条理地表述自己的思考过程。

良：能正确的理解"0"。

合格：初步了解"0"的实际意义。

3. 情感态度与价值观

优：能积极参与探究活动，主动与人合作、交流，倾听同学发言并做出正确的评价与判断。

良：能积极参与探究活动，主动与人合作，倾听同学发言并做出评价与判断。

合格：能参与探究活动，主动与人合作，倾听同学发言。

七、教学反思

《0的认识》是一节数概念课，主要是让学生掌握"0"的两种含义：一是"0"可以表示什么都没有，二是"0"也可以表示起点，同时还要让学生能正确、规范地书写0。如何根据学生的年龄特点和认知规律达成教学目标呢？在本课教学中我创设了童话、生活、游戏等情境来营造轻松愉悦的学习氛围，学生在一系列的观察、操作、交流等活动中理解了新知，获得了成功的体验，体会到数学学习是一件很快乐的事，渗透了符号意识，发展了自己的数感。

（一）注重教学前测，准确地找到学生的认知起点，精心设计教学活动

《义务教育数学课程标准》（2011年版）指出，数学课程"不仅要考虑数学自身的特点，更应遵循学生学习数学的心理规律，强调从学生已有的生活经验出发……数学教学活动必须建立在学生的已知发展水平和已有的知识经验的基础之上"。这就是说，数学教学活动要以学生的发展为本，要把学生的个人知识、直接经验和现实世界作为数学教学的重要资源。因此，本课教

学中，教师根据前测中学生对0的意义认识不清的情况，设计了有趣的教学情境，将0的基本含义蕴含其中，使学生在新旧知识的对比中理解了0表示"没有"的含义。紧接着，通过教师利用制作的大号学具——直尺，通过看一看、数一数、讨论交流"小兔跳了几个格子"等方式，学生不仅知道小兔跳了4个格子，发现了0在尺子上表示"起点"的意思，还体验到尺子上各数之间的位置、顺序和大小关系。学生体会到探索新知的乐趣，激发了自身学习数学的积极性。

（二）在丰富的情境中理解新知，发展数感

《义务教育数学课程标准》（2011年版）要求教师要注意选择富有儿童情趣的学习材料和活动内容，激发学生的学习兴趣，获得愉快的数学学习体验。因此，在《0的认识》这节课中，我分别创设了小动物摘桃、小动物套圈、小动物跳格子等情境来营造轻松愉悦的学习氛围，学生通过看一看、想一想、数一数、说一说、写一写等一系列活动，经历了"具体—抽象—具体"的认数过程，渗透了符号意识，发展了学生的数感，更让学生体会到数学就在身边，从而对数学产生亲切感。

（三）巧用生成，拓宽学生的视野

《义务教育数学课程标准》（2011年版）指出：认数是小学生学习数学的最基础的知识之一，《0的认识》就突出体现了它的基础性、价值性。因此，在本课教学中，我借助学生举生活中"0"的例子——温度计上有"0"这个刻度，请学生用手感受0℃冰水混合物的温度，明确了温度计上的"0"是0上温度和0下温度的分界线，从而拓宽了学生对0的认识，为今后学习负数积累了经验。

总之，在这节课的教学中学生的积极性得到了很好的发挥，对于一年级的学生来说，他们的注意力集中时间比较短，但是在整堂课中，学生的参与率很高，他们的思维都非常活跃。

本课教学也留下了一些遗憾：就是在教授0的第二种含义时浪费了一些时间，以至于在学习0的书写上没有让学生有更多的时间去练习。因此，在"数小兔跳几个格子"环节还要根据学生的学习情况进行教学设计的再加工，让课堂张弛有度、合情合理。

《10的再认识》教学设计

北京市通州区贡院小学　吕淑红

一、指导思想和理论依据

《义务教育数学课程标准》(2011年版)指出：数学教学要从学生的实际出发，要把数学知识与学生的日常生活实际联系起来，引导学生通过实践、思考、交流等活动，获得数学的基础知识、基本技能、基本数学思想、基本的数学活动经验。因此，在本课教学中，我根据一年级学生的认知特点，创设了孩子们喜欢的生活、游戏情境，学生在数一数、摆一摆、拨一拨、想一想过程中，经历了将实物进行抽象设计，形成模型，再由模型引导出抽象符号的过程，建立了"10个一是1个十"的概念，初步体验了十进位值制的作用，从而发展了学生的数感。

二、教学背景分析

(一)教学内容分析

"10的再认识"及"认识数位"是京教版数学教材一年级上册第七单元《认识11—20各数》第一课的内容（见图1），第二课时编排的是11—20各数的认识，而人教版（见图2）、北师大版教材（见图3）则是把这两课时内容合在一起进行编排的，从整本书的编排来看，它们都是在学生学习了"10以内数的认识"基础上进行教学的。但京教版教材专门把"10的再认识"提出来编排一课时，这正好说明10是理解位值制计数法的重点，它是第一个也是最能明显体现出"数位"这一概念的数。认识"10"是学生认识十位和个位的意义，理解数的组成及正确读、写10以上数的基础。因此，教材编排了数一数、摆一摆、拨一拨等直观操作活动，给学生提供充分的探究空间，让学生初步体会"满十进一"、"一"和"十"之间的十进制关系，从而初步发展学生的

数，就这样认识

数位概念。这些都是认识十几的数的基础，同时，它也是百以内、万以内数认识的基础。

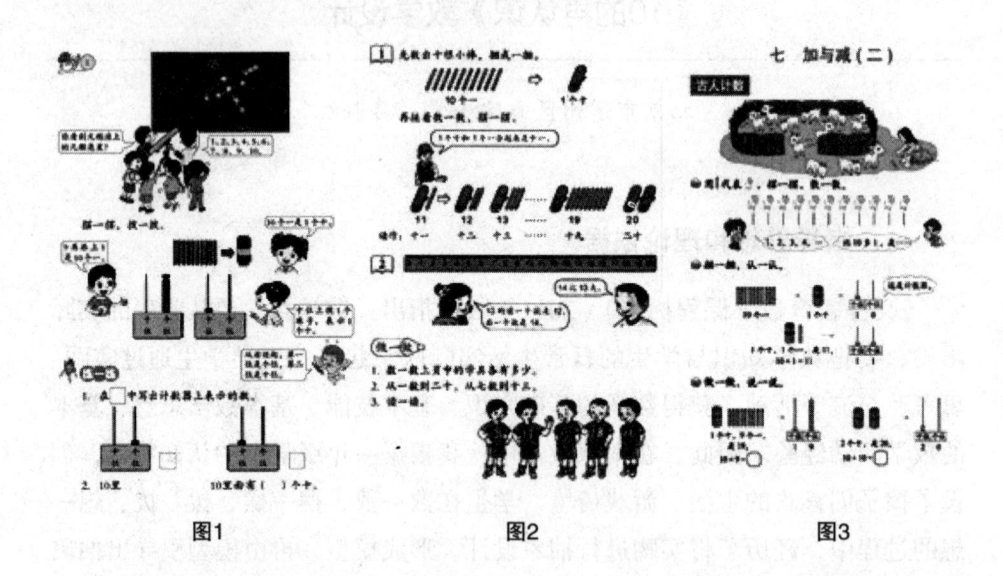

图1　　　　　　　　　图2　　　　　　　　　图3

（二）学生情况分析

一年级学生在接受学前教育时，就初步认识了1—10各数，在一年级上册第三单元的学习中学生又理解了10的具体含义，会读、写10，知道了10以内数的顺序及比较它们的大小，所以本节课的内容对于他们来说也并不陌生。但是，10是一个特殊的数，既是计数的结果，又是计数单位，经过课前对学生的访谈，多数学生没有关注到"10的表示"与0—9这些数有何不同，只是家长或幼儿班老师怎么教就怎么写，更不知道10为什么用以前的数字1和0来书写，缺少对数学抽象的深层次的关注。因此，在本课教学中，不是让学生被动汲取、模仿、记忆和反复练习，而是要根据一年级学生好奇、好玩、好动的特点，创设观察、动手、交流、比较等一系列的学习活动，让学生经历将实物抽象为模型，再由模型抽象为符号的过程，初步理解十进制计数原理，渗透抽象的数学思想方法。学生的思维得到尽情的活跃，逐渐感受到数学学科的趣味性、生活性和挑战性。

三、教学目标与重难点

（一）教学目标

1. 结合生活实际，初步了解十进制，知道"10个一是1个十"。
2. 经历观察、操作、思考等活动，认识个位和十位，初步体验位值制的作用，发展数感。
3. 初步体会数学知识与日常生活的密切联系，激发学习兴趣。

（二）教学重难点

教学重点：建立"10个一是1个十"的概念，认识十位和个位，了解位值。
教学难点：认识十位和个位，感受位值。

四、教学过程

（一）结合生活实际，初步感知"十"

师：今天老师给大家带来了一些生活中的物品，看，这是什么？
学生观察图片后回答问题。
提问：一盒有几个冰激凌呢？学生猜一猜。
教师播放课件，请学生一起数一数。
教师再依次出示一盒小印章、一包铅笔，请学生分别数一数。
提问：数完了这些物品，你有什么发现？
生：它们都是10个10个地包装在一起的。
教师小结并出示课题：真跟他说的一样呢！生活中为了方便，很多时候把10个物品包装在一起的。看来10这个数真的很重要呢！今天我们就再来认识认识10这个老朋友。
【设计意图：学生在看一看、数一数、想一想活动中，体会生活中有很多物品都是10个10个的包装在一起的，初步感受计数单位"十"。】

（二）动手操作，尝试探究

1. 在数、摆、捆小棒的活动中，认识"十"和"一"之间的关系。

数，就这样认识

教师出示小棒，学生一起数1、2、3、4、5……

提问：1根小棒表示1个一，5根小棒表示几个一？

生：5根小棒表示5个一。

师：现在是几根了？（9根）9根小棒表示几个一？

请几名学生说出：9根小棒表示9个一。

提问：9根小棒再添一根是多少？（10根）10根小棒是几个一？

请几名学生说出：10根小棒是10个一。

教师边演示课件边提问：10个冰激凌装成一盒也就是1个几？（1个十）10个小印章装成1盒也就是1个几？（1个十）10支铅笔包成一包也就是1个几？（1个十）

学生边看课件边回答问题。

启发提问：你能把10个一根变成1个十吗？

学生独立操作后展示交流：10个一根小棒捆成1个十根。

提问（教师指着板书）：10个一与1个十比，你有什么发现？

预设一：10个一是一根一根零散的，1个十是捆在一起的。

预设二：10个一与1个十都是10，它们一样多。

……

教师课件演示小棒并小结：10个一是1个十。1个十是10个一。

【设计意图：在数一数、摆一摆、捆一捆等活动中，学生始终在观察、操作中思考，在对比、交流中提升认识，不仅建立了"10个一是1个十"的概念，为认识十位和个位的意义打下了坚实的基础，更重要的是发展了他们的数感。】

2. 知识窗"古人计数"

教师课件播放："古人计数"的故事。

请学生说一说听完故事后都知道了什么。

师：一块儿大石头表示什么？（1个十）一块儿小石头呢？（1个一）

启发提问（教师出示课件）：现在有两颗大小、颜色完全一样的珠子，能不能想想办法让别人一眼就能看出谁表示1个十，谁表示1个一呢？

预设一：在右边的珠子下写上"一"，在左边的珠子下写上"十"。

预设二：在右边的珠子下写上个位，在左边的珠子下写上十位。

......

【设计意图：回顾古人以石计数的方法，渗透数学史相关的内容，引发学生对数学的思考，激发学生学习的兴趣。】

（三）借助计数器，体验位值制

1. 认识计数器

师：同学们真会思考问题，聪明的人类在计数的时候，就用到了你们的办法，发明了帮助人们计数的工具——计数器。

教师出示课件：计数器。

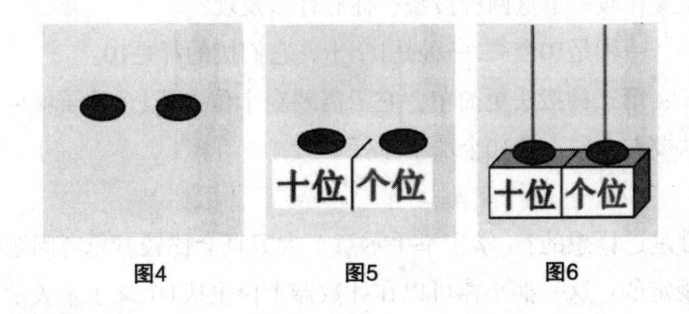

图4　　　　图5　　　　图6

请学生读出计数器上的数位——从右边起，第一位是（个）位，第二位是（十）位。

请学生指着自己的计数器说一说数位的顺序及名称。

教师（指着板书中的两根小棒）：大家看，这两根小棒在计数器上可以用个位上的两个珠子来表示（黏贴板书，如图7）。个位上的两个珠子表示什么呢？（随着学生说教师在个位的下面板书"2"。）3个、8个珠子呢？

图7

2. 利用计数器拨数

教师请同桌两人在计数器上互相拨出3、5、8、9并说一说为什么这样拨。

请两名学生汇报交流：我们在个位上拨3个珠子表示3个一是3……

师：你能在计数器上拨出10吗？想一想为什么这样拨？

学生拨珠，教师巡视指导。

教师展示学生的两种拨法：

预设一：在个位上拨10个珠子表示10个一是10。

预设二：在十位上拨1个珠子表示1个十是10。

……

师：大家比较一下这两种拨法，你有什么发现？

预设一：一种是10个一，一种是1个十，它们拨的都是10。

预设二：第二种拨法更简单，它只需要在十位上拨1个珠子就可以了，而第一种拨法要在个位上拨10个珠子才行。

……

师：谁是这样想的？（学生举手示意）大家真会比较着思考问题，数学家也是这样规定的：这一捆小棒可以在计数器十位上拨1个珠子来表示（边说边黏贴计数器图8，并板书10），所以在书写10的时候，先在十位下面写1，表示1个十，个位没有珠子就写0。

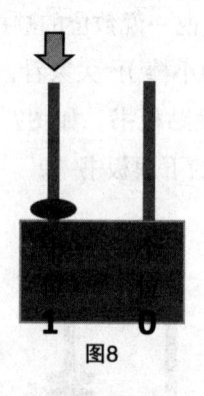

图8

此时，一些学生发出了"哦"的声音，还有一位同学不由自主地说道："哦！10原来是这样来的。"

【设计意图：学生通过听一听、看一看、拨一拨等活动，初步认识了十位

和个位的意义，理解了"满十进一"的道理，从而渗透了位值的思想。】

（四）运用新知，解决问题

1. 送朋友回家

教师出示课件（见图9—10）：仔细观察这些物品，谁能把这些物品送回家？

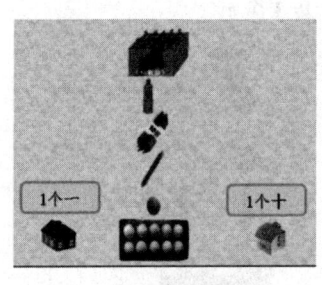

图9

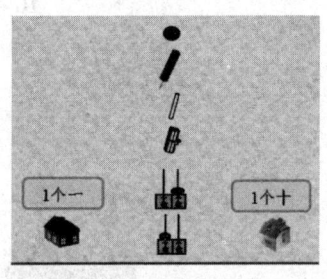

图10

【设计意图：通过送朋友回家的游戏活动，学生再次经历实物抽象为模型，模型抽象为符号的过程。】

2. 拨一拨

教师课件出示：两颗珠子。

提问：你能用这两颗珠子在计数器上拨出哪些数？

学生分别在计数器上拨出了2、11、20……

追问：同样都是两个珠子，为什么拨出的数却不相同呢？

生：因为珠子所在的地方不一样，在十位表示1个十，在个位表示1个一，在百位表示1个百，在万位表示1个万……，所以拨出的数就不一样。

小结：这位同学说的真棒！就是因为小珠子的位置不同，表示的数大小就不一样，所以我们才能用10个数字组成任意大小的数。

【设计意图：用计数器上的几个珠子拨数，发挥学生的主体作用，开拓思维，初步体会位值制的特点，为下节课进一步认识十几的数奠定基础。】

（五）全课小结

师：通过今天的学习，大家对10有了什么新的认识？

数，就这样认识

学生自由发言谈感受。

【设计意图：通过梳理总结，加强学生对"十"计数单位的认识，培养学生的归纳、反思、总结的能力。】

(六) 板书设计

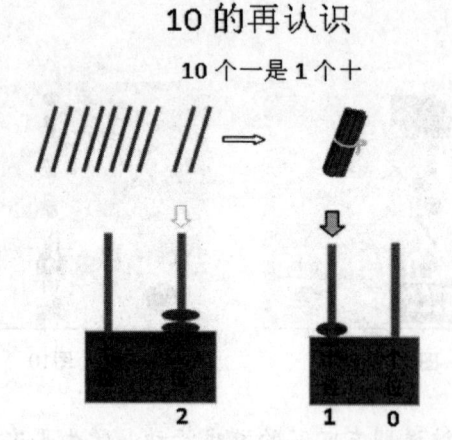

10 的再认识
10个一是1个十

五、教学效果和评价

(一) 评价方式：后测题

检测对象：授课学生

检测目的：是否正确建立了"10个一是1个十"的概念，认识十位和个位，了解位值。

1. 笔答题目：

（1）请你根据计数器下面的数画出相应的珠子。

（2）填一填。

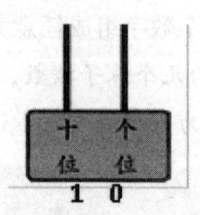

10里面有（　　）个一，10里面有（　　）个十。

被测试班级共42人，第一题42人全部画对，第二题有40人填对。从以上数据不难看出，学生理解了"10个1是1个10，1个10是10个1"的概念并能迁移到计数器上感悟到个位满十就要向十位进一的十进制法则。

2. 访谈题目：请你在计数器上拨两颗珠子并写出你拨的数，然后说一说为什么这样写。

课后我分层选取了6名学生进行了拨数、写数访谈活动，这6名学生分别拨出了2、11、20，在回答访谈问题时，有5人能表述清楚："因为十位上有两颗珠子，就在十位上写2，表示2个10，个位上没有珠子，就写0来占位。"其中有3名学生不仅拨出了2、11、20，还拨出了200、2000、20000并有两名学生书写正确，可见，这些孩子已经理解了"十进制计数法"，感悟到10个数字可以表达出无穷个数的简洁性。

（二）评价量规

1. 知识与技能

优：能够正确地解答检测题目并说出背后的道理。

良：能够正确地解答检测题目。

合格：修改后能够正确地解答检测题目。

2. 过程与方法

优：理解"10个一是1个十"的概念，并能清晰地表述"一"和"十"之间的关系。

良：理解"10个一是1个十"的概念，并能正确地表述"一"和"十"之间的关系。

合格：初步体会"10个一是1个十"的概念。

3. 情感态度与价值观

优：能积极参与探究活动，主动与人合作、交流，倾听同学发言并做出正确的评价与判断。

良：能积极参与探究活动，主动与人合作，倾听同学发言并做出评价与判断。

合格：能参与探究活动，主动与人合作，倾听同学发言。

六、教学反思

《10的再认识》是一节数概念课,教材根据低年级学生的认知特点,注重结合生活经验、数小棒、计数器等直观操作手段,让学生经历十进制计数原理的抽象过程。然而在教学实践中,一些老师往往只关注9添上1等于10,10个物体可以用10个一来表示,还可以用1个10来表示,即10个1是1个10,很少让学生思考"10的表示与0—9这些数有何不同",缺少对数学抽象的深层次关注。如何结合教材上的内容,让学生经历将实物抽象为模型,再由模型抽象为符号的过程,初步理解十进制计数原理,渗透抽象的数学思想方法呢?

本节课我精心创设了生活中10个为一包的物品、捆小棒、拨计数器和送朋友回家等数学活动。学生在经历"10个物品"包成"1包","10根小棒"捆成"1捆"的过程中,初步建立了"10个1是1个10"的概念;通过观看古人计数、在计数器上的拨数活动及直观板书的冲击,学生发出了"哦!10原来是这样来的"感叹,这声感叹不仅表明学生知道了10与前面学习的0—9这些数的不同——"10"不光表示一个数,它还是一个计数单位,从而初步体验了十进位值制的计数原理;在送朋友回家、拨一拨等活动中,学生又经历了实物抽象为模型,模型抽象为符号的过程,再次感受了位值制的特点,从而渗透了数学抽象的思想方法。

总之,生活中物品—小棒—计数器—数,由具体到半抽象,再到抽象的过程是学生学习的必经之路,此过程不仅能培养学生抽象的数学思维能力,还能发展学生的数感。像《10的再认识》这样能渗透数学思想方法的课例在小学阶段比比皆是,教材中的很多数学思想并不是显而易见的,因此需要我们不断地去挖掘,更好地理解有关数学思想的理念、落实课标中数学思想的教学目标,学生在潜移默化中日积月累,通过提高数学素养达到学好数学的目的。

《11—20各数的认识》教学设计

北京市通州区宋庄镇中心小学　王秋杰

一、指导思想与理论依据

《义务教育数学课程标准》（2011年版）指出："数学教学活动，特别是课堂教学应激发学生兴趣，调动学生积极性，引发学生的数学思考。动手实践、自主探索与合作交流是学生学习数学的重要方式。"教师要引导学生独立思考、主动探索，使学生获得基本的数学活动经验。

二、教学背景分析

（一）教材内容分析

《11—20各数的认识》是京教版数学一年级第一册的内容，属于数与代数领域，这部分知识是在学生系统学习10以内数的认识和加减法之后，又一次集中学习20以内数的认识，它既是10以内数的认识的延续，又是100以内乃至更大的数的认识的基础。它是学生认数、写数、读数的重要阶段，对这部分内容理解和把握的重点在于数概念的形成过程和数感的建立。

11—20各数的认识是在学生系统学习了10以内数的认识和加减法之后，又一次集中学习20以内数的认识。这部分的学习内容在整个数的学习体系中具有相当重要的地位，它既是10以内数的认识的延续，又是100以内乃至更大的数的认识的基础，同时又为学习20以内的加、减法做好准备。它是学生认数、写数、读数的重要阶段，几乎涉及所有整数认识中的要素，如数的抽象、数字的表示与书写，数位与相应的数值等。

我的思考：如何在课堂教学中让学生有效地认数、写数、读数、建立计数单位"十"的概念，初步体会十进制，并深入理解位值思想呢？对此可以借助学生身边的小棒、计数器等形象的工具来深化对数的认识，深入理解位

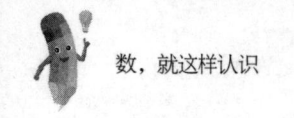

值制。

(二)学生情况

绝大多数学生在入学前已经会数20以内的数,但对于数概念的理解不够深刻,认识11—20各数是从一位数到两位数新的认识过程,所以进行了课前调研,共41人参与,具体情况如下:

题号	1	2	3
正确人数	35人	15人	2人
正确率	85.37%	36.59%	4.88%

图1

第一题圈一圈是想考查学生数数的能力(一个一个地、两个两个地、五个五个地数),检查对计数单位"十"的认识。第一题35人全对,6人错误,正确率85.37%,错误类型是1人一个一个地数,漏数了一个图形。其余5人没有进行圈画,而是直接填出答案。第二小题33人正确,8人错误,正确率为80.49%,圈画的方法多种多样,有两个两个地圈、四个四个地圈、五个五个地圈,但是学生不会十个十个地圈在一起,对"十"这个计数单位没有概念。错误类型集中在态度不够认真,造成漏数,错数的人比较多。

第二题看图写数是考查学生写数的水平,以及学生对数位的认识情况,此题有26人失分,正确率是36.59%,其中有10人3个空全错了,9人错了两空,

7人错了一个空。全班共15人第一题小棒图出错，占全班36.59%，学生不知道1捆是10根，只会数一捆表面的几根，造成错误；20名同学认为第二道题是"9"，是把个位和十位的珠子的数量加起来了，不理解数位的意义。其中第三道小题错误率较高，12人直接写成"2"，对数位、计数单位相关内容知道的较少。

第三题说一说是出现错误最多的，只有两名同学能够回答上来，错误率95.12%，后经了解这两个做对的学生是在家里通过提前预习，并在家长的帮助理解题意和做法。此题说明学生不能正确区别十位和个位，对数位和计数单位的个数理解存在问题。

错误原因有二，一是对数的顺序不熟悉，二是不会比较大小的方法。

第三题说一说是出现错误最多的，只有两名同学能够回答上来，错误率95.12%。经了解这两个做对的学生，是因为在家里提前预习过，并在家长的帮助下理解了题意。此题说明学生不能正确区别十位和个位，对数位和计数单位的个数理解存在问题。

学生对11到20各数的认读、书写、大小比较没有什么困难，而对于以"十"为计数单位和数的组成认识不够明确，这个知识又是后续学习的关键。因此，教学重点确定为认识计数单位"十"，能正确地数出20以内的数，掌握11—20各数的组成、读法和写法。掌握20以内数的顺序，会比较数的大小。教学难点是建立计数单位"十"的概念，初步体会十进制。

我的思考：本节课的设计以通过动手操作帮助学生建立计数单位"十"这个概念为起点，逐步学会11—20各数的组成。在创设小明爷爷买兔子的计数情境中，引导学生把10根小棒捆在一起和旁边的6根合在一起，突出把"十"作为一个计数单位。再借助摆一摆小棒，拨一拨计数器上的珠子，初步学会认、读11—19各数，掌握"十几"所表示的含义和顺序。在此基础上完成"19添上1是多少"这个问题，解决"2个十是20"这个关键问题。在摆、估、数、说等活动中，帮助学生进一步积累认数经验，发展数感。

数，就这样认识

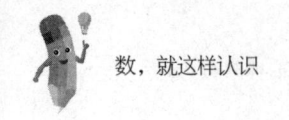

三、教学思路

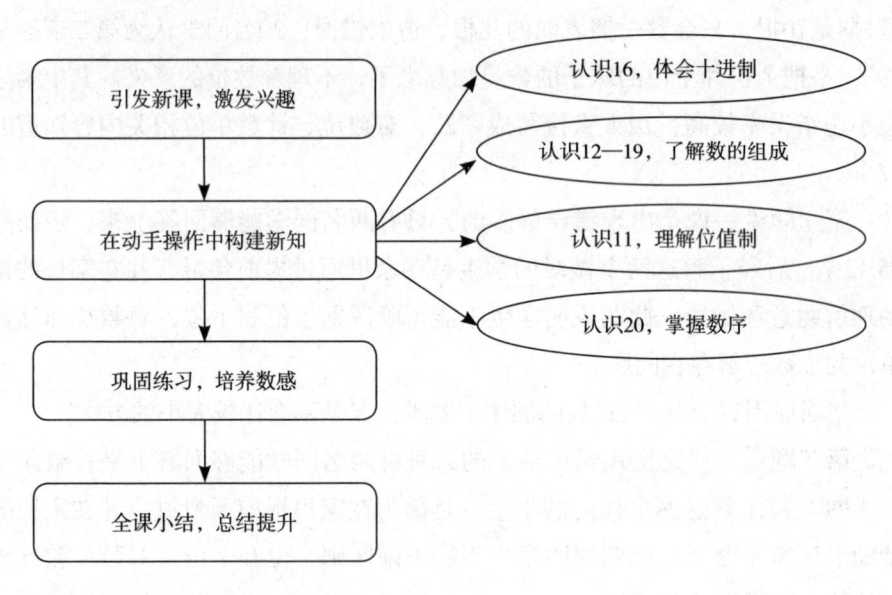

```
引发新课，激发兴趣
        ↓
                    → 认识16，体会十进制
                    → 认识12—19，了解数的组成
在动手操作中构建新知 → 认识11，理解位值制
                    → 认识20，掌握数序
        ↓
巩固练习，培养数感
        ↓
全课小结，总结提升
```

四、技术准备

教师准备：磁力小棒及多媒体课件。

学生准备：小棒、计数器学具。

五、教学目标及重难点

（一）教学目标

1. 学生能正确数出数量在11—20之间物体的个数，知道这些数是由1个十和几个一组成的，掌握20以内数的顺序和大小，初步了解十进制计数法。

2. 通过摆一摆、拨一拨、写一写等教学活动，培养学生动手操作能力和交流能力。

认识计数单位"十"，能正确地数出11—20各数，掌握11—20各数的组成、读法和写法。掌握20以内数的顺序，会比较数的大小。

（二）教学难点

建立计数单位"十"的概念，初步体会十进制。

六、教学过程

（一）引出新课，激发兴趣

1. 师：今天我们来学习11—20各数的认识，齐读这些数。

看来大家对这些数并不陌生，那今天老师就用这些数给大家讲个故事吧！

2. 师：小明的爷爷特别喜欢小动物，尤其喜欢小兔子，看，第一天买了3只小兔子，为了记录下来兔子的只数，他摆了3颗小石子，表示买了3只小兔子。

第二天，他摆了这么多石子，你知道他买了多少只兔子吗？（8只）你是怎么知道的？

第三天，爷爷买的兔子更多了，数一数（16只），爷爷会怎么表示这16只兔子呢？

【设计意图：根据学生已有知识进行教学，体现以学生为本的教学理念。创设学生生活中的情境，让学生感受到生活中处处有数学，激发学生学习兴趣，引导学生在数兔子活动中掌握点数的方法及计数的方法。】

（二）在动手操作中构建新知

1. 认识16，体会十进制

（1）摆一摆。

师：爷爷现在让你来帮他记录16只兔子，你能用小棒表示出来吗？比比谁的摆法更容易让大家看出是16只兔子。

预设：1根1根地摆，2根2根地摆，5根5根地摆，10根和6根地摆。

学生汇报，老师问："是不是16根小棒，你是怎么摆的？"

师：大家都照着他的样子，用10根和6根这种方法摆一摆。

捆起来：还可以把这10根小棒捆在一起表示10只兔子，6根小棒表示6只兔子，合起来是16只兔子。

小结：我们用小棒表示16只兔子，大家有不同摆法，这种摆法更容易看出是16只。

师：你们知道爷爷是怎么表示的吗？

出示：一块大石头代表10只小兔子，这6块小石头代表6只小兔子。

数，就这样认识

【设计意图：在多样化的摆法中，借助学生生成的资源，感受一根、两根数的不方便，再把这些小棒重新摆一摆，体现一眼看出有多少根，引导学生认识到10个一是1个十，感受十个十个数的优越性，建立计数单位"十"的表象。】

（2）拨一拨。

师：你能借助计数器来表示16只兔子吗？认真想一想怎么拨？拨给同桌看一看，说说你是怎么拨的。

为什么在十位上只拨一个珠子？它表示多少根小棒？

（3）写一写。

师：你能在计数器的下面写出16这个数吗？

想一想怎么写，指定学生写到黑板上。

追问：十位上的1表示什么？个位上的6呢？

【设计意图：引导学生通过计数器表示小棒数量，使学生理解计数器十位上有几颗珠子就是有几捆小棒，沟通小棒、计数器之间的联系，深入理解数位，同时也直观感受到计数器在计数方面的便捷。】

2. 认识18和除11外的其他各数的组成

（1）师：第四天，爷爷买了更多的兔子，是多少只呀？你会用小棒摆、计数器拨或者写一写吗？选择一种你喜欢的方式表示出18。汇报不同方式的计数方法，可以有小棒的，也可以有计数器或者写的方式。

（2）师：如果今天爷爷派你去买兔子，看，你买了多少只？选择一种方式可以摆、拨、写，表示出这些兔子的只数。（分组活动）

【设计意图：在理解计数单位"十"的基础上，引导学生自主实践，动手操作认识数的组成。】

3. 认识11，理解位值制

师：老师这有两颗一模一样的珠子，可以表示几呀？引发学生思考。（学生可能说出11、20、2）

揭示11，结合计数器理解，说明理由。

小结：两颗珠子都在个位时是2；都在十位时是20；一颗在十位、一颗在个位是11。

师：读读这些数并按从小到大顺序排列出来，你发现这些数有什么特点？

【设计意图：利用计数器强调位值制，同一数字在不同数位表示的数的大小不一样，深化了位值思想，为掌握百以内数的认识中满十进一的知识做铺垫。】

4．认识20，掌握数序

师：计数器上逐步显示11到19，再添上一个珠子是多少？个位拨几个珠子？20怎么写？

【设计意图：充分利用计数器，经历数数的过程，在感知十几的数都是由1个10和几个1组成的基础上引出20，进一步联系计数单位十的概念，理解20的组成。让学生在对比中充分感知并理解数的组成和十进制。这样既激发了学生的学习兴趣，又为后续学习奠定基础。】

(三) 巩固练习，培养数感

师：老师这里有一把尺子，请你在尺子上找出5、15、19，读一读这些数。如果把尺子延长，21在哪里呢？

指定学生到屏幕上指一指。

【设计意图：利用直尺引导学生在猜数、找数环节中，理解数的大小，建立数与数之间的联系，培养学生的数感。】

(四) 板书设计

11—20各数的认识

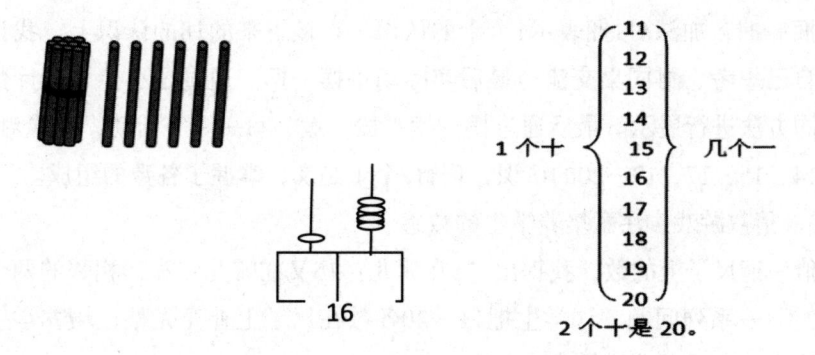

1个十 { 11 12 13 14 15 16 17 18 19 20 } 几个一

2个十是20。

七、教学效果评价设计

（一）动手操作

1. 优秀：主动参与，投入，按老师要求进行摆一摆、拨一拨、写一写。
2. 合格：按老师要求进行摆、拨、写。

（二）语言表达

1. 优秀：大胆发表自己的见解，认识计数单位十，能够正确掌握11—20各数的组成，并用规范的语言表达出来。
2. 合格：能够正确掌握11—20各数的组成，在老师帮助下用规范的语言表达出来。

八、教学反思

1. 创设情境，吸引学生的注意力

一年级学生年龄小，集中注意的时间不长，而且本节课的内容是很抽象的数的认识，学生学起来会有些枯燥，所以本节课要充分调动学生兴趣，整节课围绕小明爷爷抓兔子的情境吸引学生的注意力，激发学生的学习兴趣。

2. 注重动手操作，帮助学生掌握数的组成

认识16时，"怎样摆能看得很清楚？"通过让孩子们摆小棒，有的1根1根地摆、有的2根2根地摆、有的5根5根地摆，还有的10根摆成一堆……然后把10根小棒捆成1捆，通过提问"1捆有几根，旁边还有几根"来要求孩子用皮筋去捆一捆，加深对1捆表示1个十的认识。在接下来的18的认识上，我让孩子先自己思考、再同桌交流，最后实际动手摆一摆。通过摆小棒、拨计数器等不同方法进行展示。最后通过摆一摆、拨一拨、写一写等活动，完成对12、13、14、15、17、19、20的认识，理解2个十是20，掌握了各数的组成。

3. 猜数游戏，注意培养学生的数感

猜一猜尺子上的数，我提出"5在哪儿？15又在哪儿？和15相邻的两个数是谁？"一系列问题，让学生把11—20各数在尺子上补充完整，培养学生的估数能力，发展学生的数感。

《100以内数的认识》教学设计

北京市通州区张家湾镇中心小学　王　颖

一、指导思想与理论依据

（一）指导思想

"数的认识"是学生学习数学的基础，"数的运算"和"数量的估计"都要基于对数概念的认知和理解。数的认识包括对数的意义、数的表示及数与数关系的全面认识。《义务教育数学课程标准》（2011年版）建议在数的认识教学中，要引导学生联系自己身边具体、有趣的事物，通过观察、操作、解决问题等丰富的活动，感受数的意义，体会数用来表示和交流的作用，初步建立数感。数感主要是指对于数与数量、数量关系、运算结果估计等方面的感悟。实际上就是建立起抽象的数和现实中的数量之间的关系。一是从数量到数的抽象过程中，对于数量之间共性的感悟；二是在实际背景中提到一个数时，能将其与现实背景中的数量联系起来，并判断其是否合理。

因此在《100以内数的认识》这一内容的教学过程中，不仅要帮助学生形成对100以内数的全面认识，更要注重渗透数学思想，发展核心素养。

（二）理论依据：数形结合的思想

华罗庚先生曾提出："数与形，本是相倚依，焉能分作两边飞。数无形时少直觉，形少数时难入微。数形结合百般好，隔裂分家万事非。切莫忘，几何代数统一体，永远联系，切莫分离。"

数形结合思想的核心是数学的两大研究对象"数"与"形"之间的相互转化、相互表达和相互解决。数是抽象的，而"形"表征更具体、直观一些，原因主要是图形更接近客观世界，其结构与客观世界的结构很接近，这种同一性结构常常更容易进行类比。我们利用"形"表征的丰富的感性认识和相对可靠的直观，"以形助数"来认数。

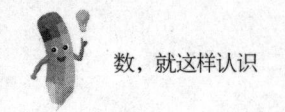

二、教学背景分析

（一）教学内容分析

本课是京教版数学一年级下册第一单元第一课时的内容。对内容进行分析既要立足整体，又要把握核心。因此本设计从纵向、横向、单元三个角度进行分析。

1. 纵向分析

在京教版小学数学教材中，整数的认识主要分为四个阶段：20以内数的认识（一年级）；100以内数的认识（一年级）；万以内数的认识（二年级）；大数的认识（四年级）。

本单元将认数范围由20以内扩展到100以内，是认数教学的第二个阶段。是在学生初步认识"十"的基础上，进一步去运用"十"计数，进一步感知、理解"十进制""位值制"两个基本概念。这两个概念是学习数概念的根本。这个阶段的数概念不仅是学习100以内数的计算基础，也是认识更大的自然数的基础。因此，本课在教材中处于承上启下的作用。

2. 横向分析

本设计对比了京教版、人教版、苏教版和北师大版四个版本的教材，抓住共性以便更深入地理解，容纳不同以便拓宽认识。具体内容见表1。

表1　不同版本教材内容对比

人教版	苏教版	北师大版	京教版
1.问题情境：数100。 2.学具：小棒、小方块。 3.数数方法：十根十根地数，每十根捆成一捆或每十个小方块堆成一条。 4.探究过程：（1）二十九添一是三十；（2）九十九添一是一百；（3）十个十是一百；（4）十根十根地数，十个十是一百。	1.问题情境：数100。 2.学具：小棒、计数器。 3.探究方式： 问题（1）：每捆小棒是十根，三捆是多少根？六捆呢？ 问题（2）：十根十根地数，一共有多少根？ 问题（3）借助计数器理解：4个10是40，8个10是？1个百是100。	1.问题情境：数100。 2.学具：小棒、小方块。 3.数数方法：十根十根地数，每十根捆成一捆或每十个小方块堆成一条。 4.结论： （1）九十九添一是一百。 （2）10个十是一百。	1.问题情境：数100本书。 2.学具：书、小棒。 3.探究方式： （1）数实物，十本十本地数。 （2）用小棒表示书的本数。九个九根再添一根是一百根。这里有十个十，可以换成1个百。

由表1可见，四版教材虽然呈现的方式不尽相同，但是在很多关键地方都

表现出了共性。首先，对于"100"的理解，都体现出两种方式：一是99添1是100，理解100作为一个自然数；二是10个10个地数，10个十是一百。其次，都借助多种模型帮助学生数数，包括实物、小棒、计数器、小正方体；第三，将几十九添1就是几十突破拐弯数作为重点。

不同点包括：第一，学习顺序的安排不同。京教版、人教版、北师大版都是经历多种数数方法，从1个1个数到10个10个数。苏教版直接学习10个10个数，十个十是一百，并在此后安排整十数的相加再学习数的组成。第二，数的组成理解所借助的工具不同。人教版、苏教版借助半抽象化的小棒理解，京教版借助半抽象化的小棒和抽象化的计数器结合着理解，而北师大版则直接用计数器来理解数的组成。第三，北师大版在数数过程中注重对数的估计。这些不同点有助于拓宽我们对本课的认识和理解。

3. 单元分析

"十进制"和"位值制"这两个核心概念具有抽象性的特点，一年级学生理解起来普遍存在困难。教材注重从具体的情境引入，引导学生学习1个1个地、10个10个地数100以内的数，认识计数单位"十"与"百"之间的关系，并激励学生采用不同的方法数100以内的数，激发学生的学习兴趣。教材为引导学生经历抽象过程，提供了丰富的直观模型。教材设计如下：

表2 京教版本课教材内容及分析

例题	例题内容	例题分析
例1：100以内数的含义和数数。	（图示）	例1通过生活中的数数活动，引导学习100以内的数。 1. 通过连环画呈现数数的过程： 1个1个数—10本放在一摞—复习10个一就是1个十。 29添上1是30—突破拐弯数"几十九后面是多少"—进一步体会"满10进1"的计数方法 从30数到99 2. 借助小棒图初步理解"99添上1是100" （1）100作为一个自然数，是99添1得到的一个数。 （2）100作为一个计数单位，它是10个十。

续表

例题	例题内容	例题分析
例2：100以内数的组成及相关数位。		例2是介绍100以内数的组成。通过实物图、小棒、计数器分别来表示23，了解一个任意两位数是由几个十和几个一组成，为学习100以内数的写法与读法打下基础。

（二）学情分析

一年级的学生处于皮亚杰的认知发展阶段论的具体运算阶段，该阶段的思维有个很重要的特点：守恒性。即儿童能从一个概念的各种具体变化中抓住实质或本质的东西。守恒性为借助多种形表征理解数的意义的学习提供了认知基础。但具体运算思维一般还离不开具体事物的支持，需要以形助数。

学生在11—20各数的认识时已经对"十"在计数中的价值有了初步的感悟，并对位值制的理解积累了一定的学习经验。针对学生对"十进"和"位值"两个概念的认知基础，我在课前对本班39名同学进行了学情调研，在前测中显示出学生对于数的意义理解认知水平差异较大。

前测内容和结果如下：

1. 借助小棒，正确点数100以内的数

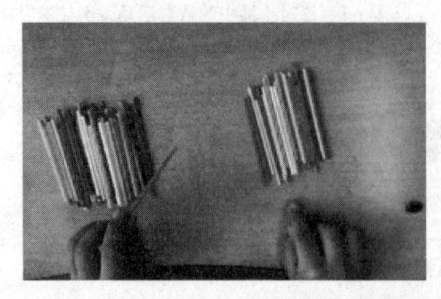

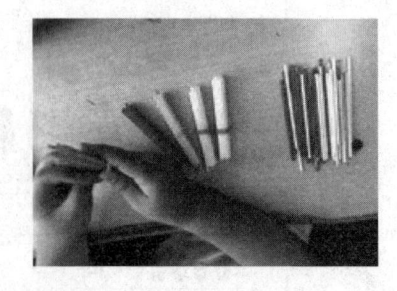

图1　数100根小棒学情展示

在访谈中发现，所有的学生都能正确数到100，17%的学生还不能将数与小棒对应。其中只有27%的学生能借助"十"来数数。

2. 用你喜欢的方式表示23

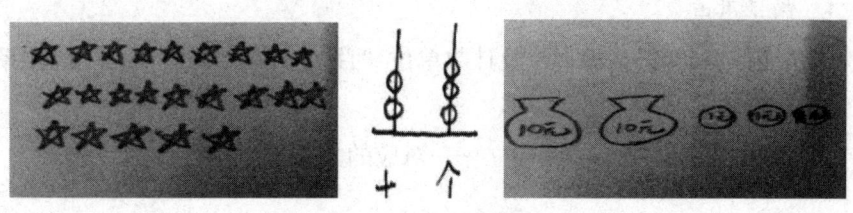

图2　学生作品展示

在被测的学生中，52%的学生能画出"2个十和3个一"的组成结构，表达形式丰富多样，但仍有48%的同学画出的是23个一。

3. 笔试"49后面的数是多少"

38%的学生回答的是40，可见拐弯数对于一年级的孩子来说是一个难点。

前测结果显示学生对于100以内的数虽然已经有了大量的经验积累，学生对"十"的作用的理解却存在着认知差异，体现出不同的思维水平。由此，在课堂中经历计数的过程，进一步感悟"十"的结构作用显得尤为重要，这对于学生理解计数单位、数的意义有着积极作用，影响着学生对十进制数系统的认识深度。

三、教学目标及重难点

（一）教学目标

根据以上对教材和学情的分析，确定教学目标如下：

1. 在数数的活动中，能正确点数100以内的数，认识计数单位"百"，认识"十"与"百"的关系；知道100以内数的组成。

2. 在认识100以内数的含义、组成等活动中，经历计数单位"百"产生的过程，体会数的抽象过程，培养观察与操作、抽象与概括的能力，逐步发展学生的数感。

3. 在用100以内的数表示日常生活中的事物等活动中，感受数学与现实生活的密切联系。

（二）教学重难点

1. 教学重点

多角度认识100；认识百位及计数单位"百"，理解计数单位之间的关系。

2. 教学难点

拐弯数的突破；数与学具建立一一对应的关系。

四、教学过程

（一）激活经验，产生需求

直观感知比20大的数。

（出示影片）统计同学们的积分可真是个麻烦的事啊，不信你来试试。拿起你的小手，数一数小米得了多少个贴画吧。

师：你是怎么数的？

生：1个1个，2个2个……10个10个。

揭题：今天咱们就来认识比20还要多的数。（板书：认识数）

【设计意图：根据生活中的数贴画积分的情境，一方面激活学生数数的经验，复习数数的方法；另一方面，激发学生对认识更大的数的需求。】

（二）认识数：多角度认识100

1. 数一数，初步认识100

（1）用自己喜欢的方式数100。

（出示影片）小米为大家准备了很多小方块，1个小方块就代表1个贴画，两人一组，快数数小米得了多少贴画吧。

（2）交流数数方法，体会按群计数的必要性。

师：说一说你们小组数的数量，怎么数的？

生1：一共100个，我们1个1个数的。

生2：一共100个，我们10个10个数的。每数完10个就摆成一堆，就不容易数错啦。

师：看来有了"十"的帮助，我们就可以更好地数数啦。

【设计意图：在数较多物品时，学生由于受注意力、记忆力等多方面因素的影响，经常出现数错的现象。让学生亲自数较多的物品，体验数数过程中的困难，并通过交流数数的方法，认识到"十"在数较多物品时的作用，愿意借助"十"的帮助数数，突显"十"的计数价值。】

2．借助"十"数数，认识计数单位"百"

（1）边数边摆，感受十进制的计数规则

师：我们借助"十"的帮忙，边数边摆，遇见十个就摆成一排。数的过程中，注意数与小方块的数量对应。

（2）几十九后面的数是多少？

师：现在这个数是28，再添1个是多少？29再添1个是多少？30是怎么来的？

生：29添1是30，30是29添上1。

师：30里有几个十？3个十是多少？

生：30里有3个十，3个十是30。

师：39添1是多少？49、59、69、79、89添1是多少？

【设计意图：边数边摆，巩固以"十"为单位的计数方法，一方面巩固计数规则，另一方面突破拐弯数的难点。】

（3）认识计数单位"百"

师：99添1是几？100是怎么来的？

生：99添1是100，100是99添1。（板书：99添1）

师：大家都知道99添1是100，你能借助学具摆一摆99添1变成100的过程吗？（自主操作）

生：9个一再添1个一是10个一，10个一是1个十，1个十和9个十合起来是10个十，10个十是一百。

【设计意图：通过直观演示、交流谈论和动手操作等活动，经历新的计数单位"百"产生的过程，体会99添1不能用几十表示了，明白"百"产生的必要性，认识"百"在计数中的价值。】

3．理解"十"和"百的关系"

师：一百里有几个十？我们一起数一数。

生：（点数）10个。

师：看老师现在做的是什么？（动画演示）

生：把10个十合在一起。

师：10个十合在一起就变成了什么？

生：一百。

师：10个十合在一起就是一个百。以后我们看到这样放在一起的正方体就是多少？（一个百）

师：你还能想到什么是一个百？（勾连10捆小棒，10串手链）

师：在这一个百里哪里能找到10个十？（横着、竖着，借助手势）

过渡语：我们刚刚知道了100是由99添1得来的，还知道了10个十是一百。一百里有10个十。100可以是1大排方块，也可以是1大捆小棒。

【设计意图：感受计数单位"十"与"百"之间的关系，加深对十与百的十进关系的理解。】

4. 感知100有多少

师：100有多少呢？老师这里一袋里有10颗黄豆，100颗黄豆需要多少袋呢？

生：10袋？

师：咱们把一袋倒在碗里是这么多，十袋有多少？你能用手比画比画吗？（倒豆子演示）

师：原来100颗黄豆是这么多。

师：10个本子这么高，100个本子有多高？你能用手比画比画吗？

【设计意图：感知不同物体100的数量，培养数感。】

（三）理解数：多种模型，认识数的组成

1. 多种模型表示23，理解数的组成

（出示影片）这位同学得了23个贴画，花了我好长时间才数清楚呢，你有办法让我一眼就能看出是23吗？

操作要求：请你选择喜欢的学具（小棒、小方块、计数器），拨一拨、摆一摆，让人一眼就看出23。

学生用小方块或者小棒、计数器摆数，教师随机拍照，展示学生的作品。

师：结合作品说说你是怎么操作、怎么想的。

生1：我用小方块摆的，我一排摆了10个，2排就是20个，这里还有3个，

合起来就是23。

生2：我用小棒摆的，2捆小棒表示2个十，3根小棒表示3个一，合起来就是23。

生3：我用计数器拨的，在十位上拨2颗珠子表示2个十，个位上拨3颗珠子表示3个一，合起来是23。

师：不管咱们用什么工具去摆，都用到了一个数朋友来帮忙，是谁？

生：十。

师：有了十的帮忙我们一眼就看出了这个数是23，你知道23是由哪两个部分组成的吗？

生：23是由2个十和3个一组成的。（板书）

师：请你们调整自己的学具，并指着自己学具说一说23的组成。

【设计意图：借助小棒、小方块、计数器三种形表征来理解数的组成，帮助学生在抽象的过程中深化对位值的理解，实现了数的抽象。同时联结不同层次学具之间的关系，揭示"十"在计数中的作用，深入理解数的组成。】

师：在上这节课之前，老师做了一个小调查，请大家用自己喜欢的方式表示出23，让我们一起来欣赏一下。这些同学的作品都能表示23是由2个十和3个一组成的。

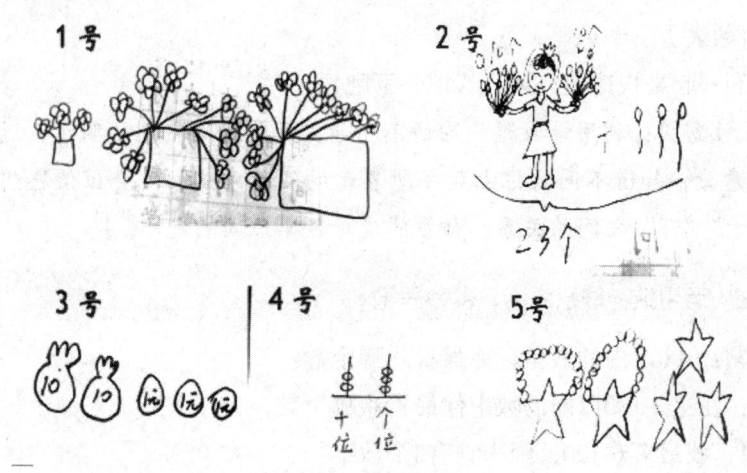

图3 学生作品展示

【设计意图：用学生自己对于23的表征，在对比中深入理解数的组成。从不同的模型中经历数的抽象过程，并在解读用计数器表达23的过程中初步感

悟位值制，实现数量抽象的升华。】

2. 借助计数器辨析23与32

师：小米难不倒你们了，小黄人也想来考考你们。它在商店里的价格可以用计数器表示，它的价格是多少？你是怎么看出来的？

生：32，十位上3颗珠子表示3个十，个位上2颗珠子表示2个一，合起来是32。

师：这个32与刚刚的23有什么区别？（幻灯片展示计数器表示的2个数）

生：32的3是3个十，2是2个一；23的2是2个十，3是3个一。它们在的数位不一样。

3. 借助计数器，理解"个""十""百"之间的关系

师：老师再来拨一个数，请你仔细观察是多少。说说它的组成。

生：99。它是9个十和9个一组成的。

师：请你自己拨一拨99添1变成100的过程。

追问：两次"满十进一"一样吗？第一次添1哪一位？（个位），满了1个十进1，1个十和9个十是10个十，满十再进一位，这一次进的是10个十，也就是一百。

小结：我们除了认识了一位数、两位数，今天我们又认识了1个三位数。（出示百数表）

我们一起来快速读一读，认识一下吧！

【设计意图：利用计数器，沟通不同学具上的数字之间的联系，进一步理解数的意义，知道不同数位上数字所表示的实际意义，体会位值思想。巩固"个""十""百"之间的关系，初步感受计数单位间的进率。】

（四）运用数：联系生活，发散思维

问题：100以内的数里，你最喜欢哪个数？

师：在这些100以内的数中你最喜欢哪个数，为什么？

生1：我最喜欢100，因为它有3个数字。

生2：我最喜欢66，这个数里两个数字都是一样的。

生3：我最喜欢86，因为我上学乘坐86路公交车。

……

【设计意图：培养学生的反思能力，给学生提供更多的表达和交流机会，运用数进行表达。】

五、教学效果和评价

（一）评价方式

家校结合、线上评价。

请爸爸或妈妈帮你录制一段视频发送至班级群：借助计数器从1数到100，边拨边数。

（二）评价量规

表4　评价量规

评价内容		评价主体		
一级目标	二级目标	自评	家长评	老师评
准确数数、理解数的意义	正确点数100以内的数	☆☆☆☆☆	☆☆☆☆☆	☆☆☆☆☆
	会"满十进一"	☆☆☆☆☆	☆☆☆☆☆	☆☆☆☆☆
	计数器与数字一一对应	☆☆☆☆☆	☆☆☆☆☆	☆☆☆☆☆

六、教学反思

（一）基于核心素养，重数感培养

数感是小学数学核心素养之一，本节课将数感的培养落实到具体的教学过程中，建立起抽象的数和现实中的数量之间的关系。一方面，数感的形成有赖于学生充分的感知和体验。在从数量到数的抽象过程中，本节课重视建立对于数量之间共性的感悟。比如多角度认识100中，100个小方块组成的一大排方块、10个10捆小棒组成的1大捆小棒、计数器上的1颗珠子都能表示100。同时，本节课注重将数与现实背景中的数量联系起来。比如在感受100有多少的环节，提供10颗黄豆为标准，估计100颗有多少；提供10本练习本的高度为标准，估计100本练习本堆起来的高度。

另一方面，数概念意义建构促进学生数感的发展。对于数的理解我们由外向内，逐步抽象，层层深入。从认识数到理解数再到运用数，充分感知"十进制"和"位值制"这两个核心概念。

（二）基于学生认知，重数形结合

小学生的思维能力主要以形象思维为主，抽象思维为辅，在很多时候必须以有形实物作为支撑。本课教学始终围绕着"数形结合"来设计和执行，通过联结三种不同层次的"形"——小棒、小方块、计数器之间的共性，将形与数相互联系、相互转化，帮助学生认识数、理解数、运用数，沟通计数单位间的关系。让抽象的数变得直观、具体，同时丰富数的表象建立，为今后数的运算及更大数的学习做好铺垫。

《千以内数的认识》教学设计

北京市通州区张家湾镇中心小学　陈辰

一、教学背景

《千以内数的认识》是小学数学"数与代数"领域中《数的认识》这部分的内容。是小学阶段数的认识教学中重要、关键的内容之一。在前期的学习中，学生已经学习过《100以内数的认识》，本学期将认数的范围扩展到万以内，是学生学习大数认识的基础。"千以内数的认识"这一知识点是从"百"跨入"万"的一个重要的衔接点，也是学生接触大数的一个敲门砖，让学生经历数数的过程，在用计数单位计数的过程中，使学生进一步感知、理解"十进制"、"位值制"两个基本概念，从而实现认数知识的逐步积累，体验数的产生和作用，为以后的学习培养可持续发展能力。"千以内数的认识"不仅是认识更大的自然数和大数计算的基础，而且在日常生活中有着广泛的应用。

二、教学内容分析

（一）单元内分析

本课是京教版小学数学教材二年级下册第四单元《万以内数的认识》第一课时内容——数数中的例1：认识计数单位"千"。这部分知识主要包括万以内数的数法、认识计数单位"千"和"万"及数的组成。内容结构主要安排：

例1：数数，认识计数单位"千"；

例2：数数，认识计数单位"万"；

例3：数数，借助计数器突破"拐弯"的难点；

例4：数的组成，数位顺序表。

（二）前后教材的纵向分析

表1 前后教材的纵向分析

已有经验	10以内数的认识（一上）实物与数一一对应	认数教学第一阶段
	10—20各数的认识（一上）计数单位"一"与"十"	
	100以内数的认识（一下）计数单位"百"	认数教学第二阶段
本单元主要内容	万以内数的含义、顺序、组成、读写和大小比较	认数教学第三阶段
	用算盘表示多位数	
	多一些、少一些、多得多、少得多	
后续学习	万以内数的加法和减法	认数教学第三阶段
	大数的认识（四上）亿以上	

（三）不同版本教材的横向分析

表2　不同版本教材的横向分析

例1：数数，认识计数单位"千"； 例2：数数，认识计数单位"万"； 例3：数数，借助计数器突破"拐弯"的难点； 例4：数的组成，数位顺序表。	例1：数数，认识计数单位"千"； 例2：千以内数的组成； 千以内数的读法写法； 例3：数数，认识计数单位"万"； 例4：万以内数的组成； 万以内数的读法和写法。	例1：数数，认识计数单位"千"； 例2：数数，认识计数单位"万"； 例3：数的组成，数位顺序表。

相同点：
1. 都借助了小正方体的直观模型来数数，在探究数的组成时都运用了计数器帮助探究；
2. 多种数数方法呈现数数过程，一个一个数，十个十个数、一百一百数、一千一千数；
3. 都重点引导感受十进制计数法。

不同点：
1. 对于"1000"这个数的认识的知识生长点不同，京教版与北师大版均是从999添1认识的1000，人教版是从10个一百入手认识的1000；
2. 学习顺序安排不同，京教版的学习顺序是"千"与"万"以内数的数数—读写数—比较大小—数的估计，也就是将"千"和"万"的认识都归为数数这一章节；人教版是数数与读写数融合其中，且"千"与"万"的认识分为两个独立的章节；北师大版大致与京教版相同，但数的估计融合其中，更加突出对数感的培养；
3. 数的认识所借助的模型有差别，人教版增加了点子图，北师大版增加了计数器图。

三、学情分析

方式：前测试卷（依据本单元"万以内数的认识"内容制定）。

测试人：二年级6个班共212名学生。

表3　前测试卷及分析

维度	内容	错误率
数的组成	1. 数小棒 ① （图） 数一数，这里有（　）根小棒。	30.56%

续表

维度	内容	错误率
数的组成	1. 数小棒 ① 数一数，这里有（　）根小棒。	30.56%
	② 10个 是多少？（　　）	77.78%
	2. ①654是由6个（　），5个（　），4个（　）组成的	69.44%
	②5628是由5个（　），6个（　），2个（　）和8个（　）组成的	66.67%
数的顺序	3. 找规律，填一填 ①154，155，156，（　），（　），（　），（　）。	25%
	②450，460，470，（　），（　），（　），（　）。	41.67%
	③300，400，500，（　），（　），（　）。	5%
	④2000，3000，4000，（　），（　），（　）。	5%
数的读法和写法	4. 读一读，写一写 ①读一读 （　　　）　　　（　　　）	16.67%
	②根据计数器在括号中写数	19.44%
	5. 写数 九百零三（　　　）　　五千四百三十二（　　　）	27.78%
数的比较大小	6. 收玉米 松鼠：2503根；熊猫：2468根；猴子：1740根；小兔：2650根 ①（　　）收的玉米数量最多，（　　）收的玉米数量最少。	16.67%
	②按从大到小排列4个小动物收的玉米数量。	33.33%
数的估计	每摞纸大约有多少张？填在下面的横线中。 大约有____张　200张　大约有____张	45.71%

前测结果分析：

数的组成维度：对于一百以外的数学生有一定的认识，但是认识并不透彻，对大数的计数单位的了解问题较大。

数的顺序维度：整百、整千的数对于学生难度较小，拐弯数问题较大。

数的读法和写法维度：依据计数器多数学生可以准确地读出数，写数存在一定问题，不明确计数单位与数位的一一对应。

数的比较大小维度：比较大小存在一定问题，多个数相比较，不明确比较大小的方法。

数的估计维度：学生对于数的估计问题较大，应多重视数感的培养。

此前测数据将作为制订教学目标和教学难点的依据。

四、教学目标与重难点

（一）教学目标

1．认识新的计数单位"百"和"千"，能一百一百地数千以内的数，体会相邻两个计数单位的十进制关系；

2．通过观察、操作、数数等活动，借助直观模型理解千以内数的意义，了解千以内数的数位名称、顺序及组成，体会数形结合思想；

3．在认数活动中培养数感，感受大数的意义，体会数与生活的密切联系，激发学习数学的兴趣。

（二）教学重难点

教学重点：借助直观模型明确"百"与"千"之间的十进制关系，认识计数单位"千"以及数位"千位"。

教学难点：会千以内数的拐弯数，数感的培养。

（三）课前准备

计数器、小正方体学具（纸）、红豆、杯子、稿纸、字典课件。

五、教学过程

（一）导入

师：联欢会上，如果老师给咱们班同学每人准备一块巧克力糖，那老师大概应该准备多少块糖呢？

生：全班37人，需要37块糖。

师：如果想请二年级六个班的同学都来参加联欢会，老师应该大概准备多少块糖呢？

生：很多块；几百块；6个37块……

师：如果想请全校同学都参加联欢会，这时老师大概要准备多少块糖？

生：很多块……

师：之前我们学过100以内的数，当我们思考这几个问题时还够用吗？（不够）

引题：但是看来生活中还有很多地方要用到比100大的数，今天我们就来认识认识这些大数（板书课题："大"数的认识）[课最后揭题]

【设计意图：通过创设情境，引导学生关注生活中的数学现象，产生认识万以内数的需要，初步体会估数，体会数学与生活的联系。】

（二）新授

1. 巩固旧知

（1）复习：10个一是1个十。

（课件出示 ▨）

师：在计数时我们叫它1个一。

（课件出示 ▨▨▨▨▨▨▨▨▨）这是几？

生：9个一。

师：它们都是几位数？

生：一位数。

（▨▨▨▨▨▨▨▨▨▨：十个一）

数，就这样认识

（动画合成 ）

师：这时10个一变成了什么？

生：1个十。

小结：所以我们说10个一就是1个十。

（2）复习：10个十是一百。

同理（略）。

【设计意图：联结已有知识经验，回顾"10个一是1个十"；"10个十是一百"；以及计数单位的"个""十"。】

2. 认识计数单位"千"

（1）千以内的数。

①（一百一百数）出示图片100—500。

②（十个十个数）510—610，说610的组成。

③（一个一个数）出示图片611—620，说611的组成。

④出示方块图846：这是几？（生说组成）

【设计意图：练习数数，巩固数的组成，初步体会千以内的拐弯数。】

⑤示数字999。

师：你认识这个数吗？（生读）

你可以用手中的学具表示出999吗？

小组合作：可以用小正方体摆一摆或者用计数器拨一拨。

展示交流：

a. 摆一摆。

生：（边摆边说）我先摆了9排小方块表示9个一百，又摆了9列小方块表示9个十，还摆了9个小方块表示9个一。合起来是999。

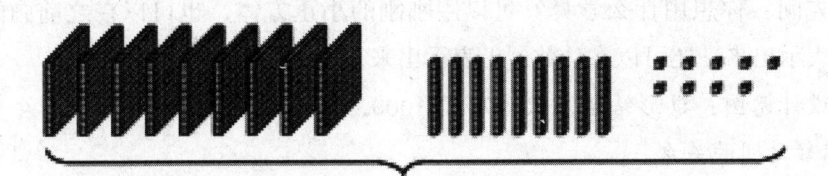

图1

师：你知道999的组成了吗？

生：999是由9个一百、9个十和9个一组成。

师追问：999这个数三个9的意思一样吗？为什么？

生：不一样，个位上的9表示9个一，十位上的9表示9个十，百位上的9表示9个百。

b. 拨一拨。

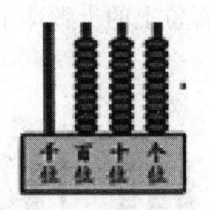

图2

生：（边拨边说）我在百位上拨了9颗珠子表示9个百，在十位上拨了9颗珠子表示9个十，在个位上拨了9颗珠子表示9个一。合起来是999。

师：摆小方块的时候999这个数要用999个小方块表示，而拨计数器的时候我们用了多少颗珠子？（27颗），为什么？

生：摆小方块时1个小方块就代表1个一，而计数器上个位的珠子表示1个一，十位的珠子表示1个十，百位的珠子表示1个百。

师：看来位值不同，意义不同。

【设计意图：体会"数位"的重要性及不同数位上的数计数单位的不同】

（2）认识1000及计数单位"千"。

①师：999个再添1个是多少？（1000）

能把999添1变成1000的过程用学具表示出来吗？

数，就这样认识

（先问：你想用什么学具？可以用刚刚的小正方体，也可以在之前画的999上表示出来；还可以在计数器上表示出来）

【设计意图：数形结合，从999认识1000，经历1000的产生过程，体会相邻自然数之间的关系。】

生小组动手操作。

讨论交流：

a. 摆一摆。

生：1个一和9个一凑成10个一，也就是1个十，这1个十和另外的9个十又凑成了10个十。也就是一百。一百和题中的九百凑成了10个一百，也就是一千。

b. 拨一拨。

生：个位上满10颗珠子，向十位上进1；十位上满10颗向百位上进1，百位上满10颗珠子时，也要把百位上的十颗珠子拨回去，换成前一位上的1颗珠子。

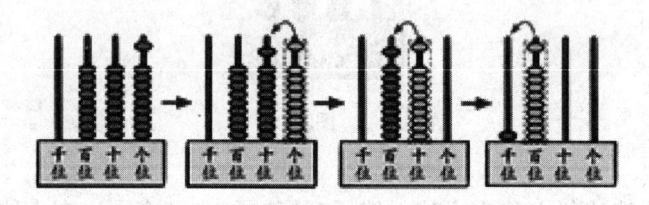

图3

课件回顾两种方法，生复述。

②揭示新的计数单位"千"及数位"千位"。

师：在计数器上揭示"千位"，千位上的1颗珠子就表示一千。

摆小正方体和拨计数器图，观察，1000是怎么来的？

生：10个100凑成了1000。

③引出"千"与"百"的关系。

（板书1. 10个一百是一千）

师：在图中找：10个100在哪儿？

图4

生横着找、竖着找，板演拆分成10份100个一排的正方体。

师：所以我们不仅说10个一百是一千，还可以说一千里有10个一百。

小结：看来1000不仅是999添1能得来，10个100也能得出一千。

④归纳计数单位与数位。

师：到现在为止，我们学了4个计数单位，它们从右往左分别是：个位、十位、百位、千位。它们之间有什么关系？（课件出示小正方体和计数单位数位的对应图）

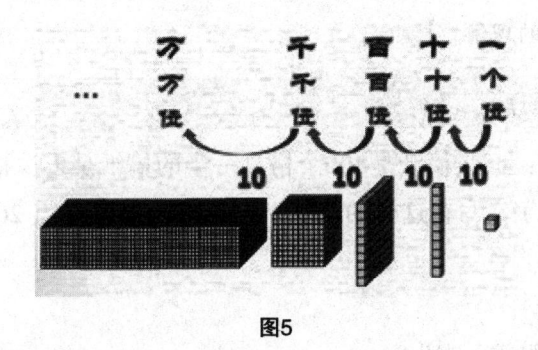

图5

师：千位后面还有计数单位吗？

生：还有很多。

师：你还知道哪些计数单位？

生：还有亿位、十亿位……

【设计意图：体会相邻两个计数单位间的十进制关系，认识到数是无穷的】

（3）感知1000。

①1000粒红豆。

师：1000粒红豆有多少？

学生先估计，再拿10个100粒倒入一个杯子中，感受1000粒红豆的数量。

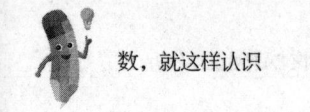

②1000张纸。

师：一本数学书大概有50张纸，两本数学书是多少张纸？（100张）

同桌书放在一起感受一下100张纸有多厚。

师：1000张纸有多厚？两本书两本书地往上摞，生感受20本书的厚度。

③学校1000人照片。

师：对1000有什么感受？

生：1000很大；1000很厚；1000粒红豆没有想象得多……

师：你还知道生活中哪些地方用到了"千"这个计数单位？

生：我家的电脑有6000多元；上周爸爸带我跑了1000米……

【设计意图：联系生活，建立1000的数感，发现数学与生活息息相关。】

（4）揭题：今天我们学的有关"大"数的认识正是"千以内数的认识"。（将标题中的"'大'数的认识"替换为"千以内数的认识"）

【设计意图：在学生经历探究"千以内数的认识"整个过程后揭题，加深对本课重点内容的理解。】

（三）巩固提升

（1）算一算：一张稿纸是400个格，一半的稿纸是多少格？（200个格），如果要把一篇千字文写在这样的稿纸上，要用几张稿纸？（200个200个地数，用5张）

（2）查字典。

给出页数的组成，查生字。

（3）拨珠子。

师拨347，生随拨。师挡住，让生听声音（又拨了一颗），这时师手中的计数器表示多少？

（探究：三种情况，珠子所在的数位不同则表示的意义不同）

（4）估数

给出图形：

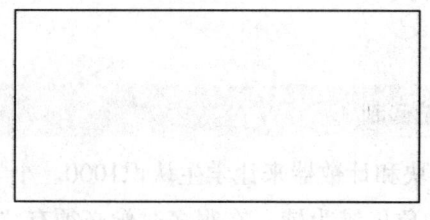

你觉得它表示多少？
给出标准：

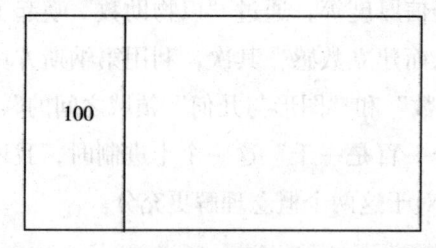

| 100 | |

【设计意图：巩固数数，巩固数的组成，体会数位的作用，培养数感。】

（四）总结回顾

师：请大家说一说这节课学会了什么。

生交流。

（五）板书设计

千以内数的认识

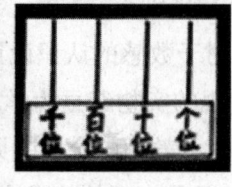

10个一是1个十
10个十是一百

1000（一千）　　1000（一千）

六、学习效果评价

自我评价：学生表达自己的看法与体会。

同伴互助与评价：小组合作，组内交流意见，互相评价。

教师引领与评价：学生学习兴趣与听讲状态，课后练习及反馈。

七、教学反思

（一）数形结合，沟通联系，突出位值制

本堂课我借助直观教具第纳斯方块和计数器来让学生认识1000。小学生的思维主要以具体形象思维为主，抽象思维为辅，在很多时候必须有"形"作为支撑。数形结合可以化抽象为具体，是培养学生数感最有效的一种方法。本次教学中，借助红豆、人数、表扬信厚度等，通过"以物助数"唤起了学生对数、数量及数量关系的理解，从而建立数感。其次，利用第纳斯方块贯穿全课的始终，能有效沟通"数与代数"和"图形与几何"领域之间的联系，进而培养学生的数感。在理解"10个一百是一千"这一个十进制时，我还在黑板上呈现了具体组成过程，让学生对于这两个概念理解更充分。

（二）巧设数数环节，渗透十进制

本节课我将数数环节掺入新知识中，让学生借助第纳斯方格图初步接触拐弯数这一难点，在复习完旧知识，探究新知999添1是1000之前，我设计了一些数数环节，包括一些简单的拐弯数，这对于学生探究999添1变1000起到铺垫作用，学生有了这阶段的数数练习，对于新知识的合作探究就会顺手很多，并且对于100—1000之间的数也有了课堂上的初步了解和接触，使学生在见到999时不会感觉很突兀。

（三）多维度感受一千和一万的大小，培养数感

本堂课对于数感的认识设计是多维度和多层次的。首先由学生看得见摸得到的最直观的实物红豆为学具，让学生通过触摸感知100粒、1000粒的多少，并在学生与教师的合作中见证10个100粒红豆是1000粒的过程，感知1000的"量"，这是最直观的数感培养；随后由学生身边的实例入手出示1000学生站在操场上的照片，这是接近学生生活的例子学生也可以通过观看感知；最后出示1000张表扬信厚度12厘米，让学生用手估算高度感知1000的厚度。从浅入深，由具体到抽象培养学生的数感。

《万以内数的认识》教学设计

北京市通州区贡院小学　吕淑红

一、指导思想与理论依据

《义务教育数学课程标准》（2011年版）指出：数学知识的教学，要注重学生对所学知识的理解，体会数学知识之间的关联；建立数感有助于学生理解现实生活中数的意义，理解或表述具体情境中的数量关系。

美国教育心理学家奥苏贝尔说："影响学习的最重要的是学生已经知道了什么？"因此，在本节课教学中，我首先从学生的生活实际导入，激发学生探究新知的欲望，然后充分利用学生熟悉的小正方体、计数器等模型沟通了一、十、百、千、万等计数单位及数位之间的联系，学生在看一看、想一想、数一数、拨一拨等活动中不仅体会到计数单位产生的必要性，理解了相邻两个计数单位之间的十进制关系，还很好地发展了学生的数感。

二、教学背景分析

（一）教学内容分析

《万以内数的认识》是京教版数学教材二年级下册第四单元第一课的内容，它是在学生学习了百以内数的基础上进行教学的。通过对万以内数的认识，突出对"计数单位"的认识，在用计数单位计数的过程中，使学生进一步感知理解"十进制"、"位值制"两个基本概念，从而实现认数知识的逐步积累，为本单元的后续学习以及今后进一步学习多位数、大数计算打下良好的基础，同时，它也是培养学生数感的重要素材。因此，这一部分内容的学习在整数的认识过程中起到承上启下的重要作用。

（二）学生情况分析

学生在一年级上册学习了20以内各数的认识，在一年级下册学习了100以内各数的认识，本学期将认数范围由100以内扩展到万以内，学生学习的心理需求是什么？学习的困难点是什么呢？为了了解学生的基本情况，在上本节课之前，我对本年级160名学生进行了调研，发现二年级学生对数的组成的认识还停留在模仿阶段，缺乏计数大数的经验，对于同一个数，用不同的单位计数有困难。而用不同的计数单位对同一个数计数的过程，恰恰是学生理解数的意义及计数单位、计数单位间关系的关键。但计数单位对于低年级学生来说是抽象的、不容易接受的，学生在前面对计数单位的理解已经到达了产生按群计数的需要。因此，本课教学要让学生将前面学习过的计数单位进行联系和梳理并让学生在丰富的数学活动中感受相邻两个计数单位间的十进制关系。

面对计数单位这样抽象、难以理解的概念，在教学中如何做到润物无声、浸润学生的心田呢？基于以上分析，我认为本节课应主要解决以下几个问题：

（1）沟通新旧知识的联系，形成知识网络。

（2）使学生感受到计数单位的产生是源于数数的需要。

（3）给学生提供模型支撑将抽象的计数单位具体化。

（4）在估计中培养学生的数感。

三、教学目标与重难点

（一）教学目标

1. 认识计数单位"千""万"，了解万以内数的数位名称及顺序，体会相邻两个计数单位间的十进关系，能运用计数单位数数，对一千、一万的大小有感性认识。

2. 经历观察、操作、数数等数学活动，感受计数单位产生的必要性及用计数单位进行计数的方法，逐步发展学生的数感。

3. 在认数活动中，感受数学与日常生活的密切联系，激发学生学习数学的兴趣。

（二）教学重难点

1. 认识计数单位"千""万"，能用计数单位数数。
2. 理解相邻两个计数单位之间的十进关系。

四、教学思路

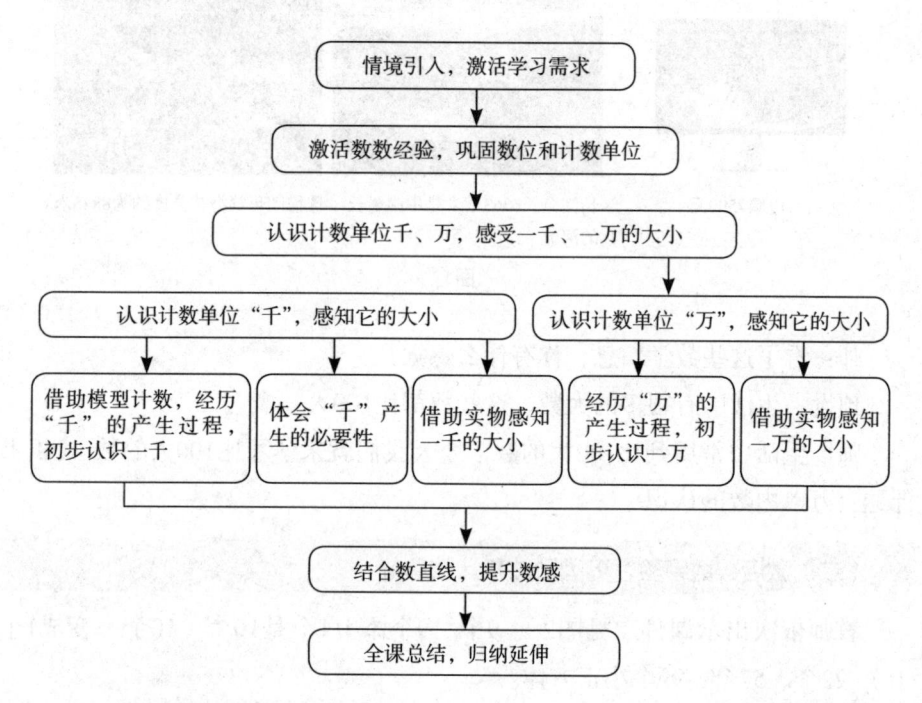

```
情境引入，激活学习需求
          ↓
激活数数经验，巩固数位和计数单位
          ↓
认识计数单位千、万，感受一千、一万的大小
          ↓
┌─────────────────────┬─────────────────────┐
认识计数单位"千"，感知它的大小    认识计数单位"万"，感知它的大小
┌──────┬──────┬──────┐         ┌──────┬──────┐
借助模型  体会"千"  借助实物      经历"万"的  借助实物
计数，经历 产生的必  感知         产生过程，  感知
"千"的产  要性     一千          初步认识    一万
生过程，          的大小         一万       的大小
初步认识
一千
          ↓
结合数直线，提升数感
          ↓
全课总结，归纳延伸
```

五、教学过程

（一）情境引入，激活学习需求

教师出示如下页图片，请学生欣赏。

数，就这样认识

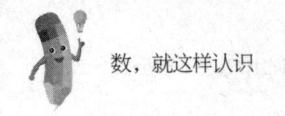

操场上共有学生约为1400人　　放飞的孔明灯大约2000盏　　学校图书馆现有图书5000本

一台电脑7599元　　长江全长6363千米是中国最长的河流　　珠穆朗玛峰海拔高度约为8848米

图1

师：看了这些数学信息，你有什么感觉？

预设：生活中有很多的大数，这些数都比100大。

师：生活中常用到比100大的数，今天我们就来学习比100大的数。（板书课题：万以内数的认识）

（二）激活数数经验，巩固数位和计数单位

教师依次出示课件（见图2）：9个、9个添上1个是10个（10个一变成1个十）、22个、57个、99个小正方体。

学生一个一个、十个十个地数出每次出现的小正方体的总个数。

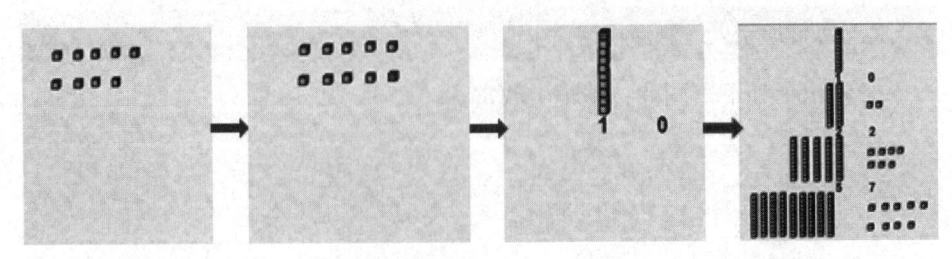

图2

师：99添上1是多少？100是怎么来的呢？

预设：9个一添上1个一是10个一，10个一看成1个十，9个十和1个十是10个十，10个十是1个百。

教师随着学生说播放课件。

小结：单个小正方体表示几个一，一片一片小正方体表示几个十，一层一层小正方体表示几个百。

教师出示计数器，学生回忆学过的数位名称并板书。

【设计意图：利用结构化的小正方体模型复习数位、计数单位及一个一个、一十一十地数数，再次体会10个一是十，10个十是一百，为学生系统地认识计数单位，理解相邻两个计数单位间的十进制关系积累了经验。】

（三）认识计数单位千、万，感受1000、10000的大小

1. 认识计数单位"千"，感知它的大小。

（1）借助模型计数，经历"千"的产生过程，初步认识1000。

师：刚才我们数出了一层小正方体是1个百，一片小正方体是1个十，现在有这么多小正方体，你能数出是多少个吗？

教师出示999个小正方体，请学生同桌合作用手中的小正方体学具数999。

汇报：一共是999个，先一百一百地数是900，再十个十个地数是90，最后一个一个地数是9，合起来就是999。

师（出示课件并提问）：999个小正方体再添上1个是多少？（1000）

请学生看图试着说一说一千是怎么来的。

汇报：1个一与9个一凑成1个十，9个十与1个十凑成1个百，9个百与1个百凑成1个千。

随着学生的回答，教师课件演示999个小正方体再添上1个变成1000的过程。

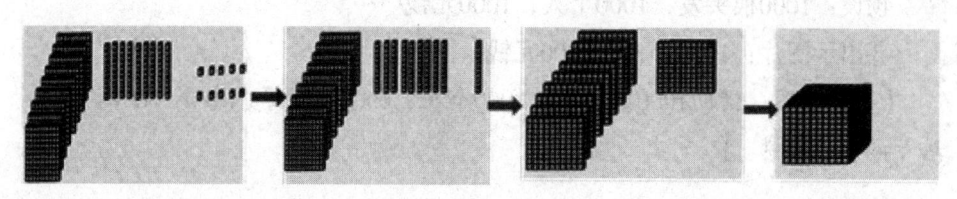

图3

数，就这样认识

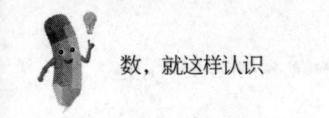

（2）体会"千"产生的必要性。

请学生在计数器上拨999。

师：999再添上1是多少？（1000）你能把999再添上1变成1000的过程拨给同桌看一看吗？

同桌学生互拨互说。

请两名学生汇报，体会每一位上满10个珠子，就要将之去掉并在它的前一位加1。

小结并板书：百位上满10个珠子，就要去掉这些珠子并在它的前一位加1，这时就需要产生一个新的计数单位"千"，千所在的位置叫"千位"，千位上的1颗珠子就表示一千。

【设计意图：借助直观模型和计数器，经历了一千产生的过程，体会到新的计数单位"千"产生的必要性；在观察、操作、数数的过程中，感受到相邻两个计数单位间的十进制关系。】

（3）借助实物感知1000的大小。

①师：1000到底有多大呢！请你拿出课前数好的100粒黑豆，想象一下1000粒黑豆有多少。

教师出示1000粒黑豆，请学生猜粒数并说明理由。

预设：我猜是1000粒，我觉得这一大袋黑豆有10个100粒那么多。

师：这位同学拿100粒作为一个标准来猜一个更大的数，想法非常好！要想知道这袋黑豆是不是1000粒，要收集多少个100粒呢？

教师收集黑豆，学生一百一百地数数，数到10个一百是1000。

请两名学生把10个100粒倒入一个大袋中，再比较观察两大袋黑豆的多少，证明猜测1000粒是否正确。

教师小结板书：10个一百是一个千。

②师：1000不仅可以表示1000粒黑豆，在生活中还可以表示什么呢？

预设：1000根头发，1000个人，1000元钱……

③出示图片：1000个人，1000元钱。

【设计意图：借助1000粒黑豆、1000个人、1000元钱等，感受1000的大小，培养学生的数感。】

2. 认识计数单位"万"，感知它的大小。

（1）经历"万"的产生过程，认识10000。

教师出示数量是1000的小正方体模型（见图4），请学生一千一千地数数。

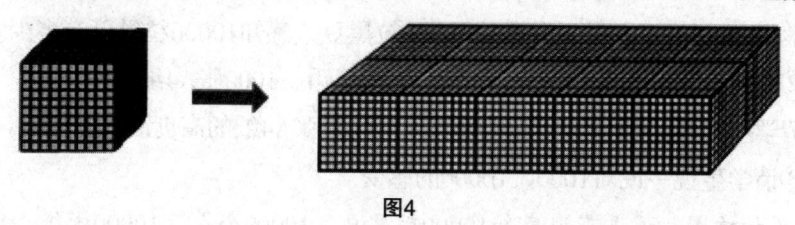

图4

生：1个一千、2个一千……10个一千是一万。

教师板书：10个一千是一万。

师：10000到底怎么来的呢？你能试着在计数器上拨一拨，说一说吗！

同桌合作，拨一拨，说一说。

展示交流：

预设1：在千位上一千一千地数，拨到10000。

预设2：先拨9999，再添上1拨到10000。

……

教师小结：不管怎么拨，只要是千位上满10个珠子，就要去掉这些珠子并在它的前一位加1，这时就需要产生一个新的计数单位"万"，万所在的位置叫"万位"，万位上的1颗珠子就表示一万。

师：我们认识了"千""万"这两个新的计数单位，你还知道更大的计数单位吗？

生：十万、百万……

师：还有很多的计数单位我们可能连名字都叫不上来，但它们之间有一种关系或规律却始终没变，你发现了吗？

预设：个位上的数满十就向十位进一，十位上数满十就向百位进一……

小结并板书：满十就要产生一个新的计数单位，这是一个很好的计数方法，很早以前我国人民就发现并使用了这种方法，咱们国家是最早使用这种计数方法的。

【设计意图：学生借助正方体模型、计数器等学具，体会计数单位"万"的产生和意义；在观察、比较、迁移、沟通中理解了相邻两个计数单位间的

十进制关系。】

(2)借助实物感知10000的大小。

①教师再次出示1000粒黑豆,请学生想象10000粒黑豆有多少。

学生1000粒10000粒地的数出10000粒黑豆,感知10000粒黑豆有多少。

②教师出示万人礼堂图画及10000元人民币、1000张A4纸。

请学生比画10000元人民币的厚度,10000张A4纸的高度。

③请学生说一说对1000、10000的感受。

【设计意图:通过直观感知10000粒黑豆、10000个人、10000张纸、10000元钱的大小,增加对10000的感性认识,发展学生的数感。】

(四)结合数直线,提升数感

师:刚才我们认识了几百、一千、几千、一万等数,你能在这条直直的线上找到它们的位置吗?

学生依次找出3000、4000……10000等数的位置。

【设计意图:利用数直线,加深学生对1000、10000等数的认识,深入理解大数的意义,进一步培养学生的数感。】

(五)全课总结,归纳延伸

师:这节课你学到了什么?

【设计意图:通过小结,既能让学生对本课知识有个整体的把握,培养学生归纳总结的能力,又能发展学生的数感。】

(六)板书设计

万以内数的认识

……万位 千位 百位 十位 个位　　10个一百是一千。

万 10 千 10 百 10 十 10 一　　10个一千是一万。

六、教学效果和评价

（一）评价方式：后测题

检测对象：全体授课学生

检测目的：是否正确地认识了计数单位"百"、"千"、"万"以及它们之间的十进制关系；是否能运用计数单位正确地数数。

检测题目：

（1）说一说。

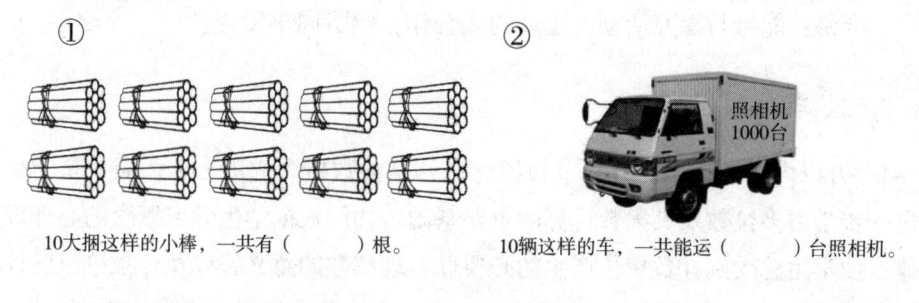

①

10大捆这样的小棒，一共有（　　　）根。

②

10辆这样的车，一共能运（　　　）台照相机。

（2）连一连。

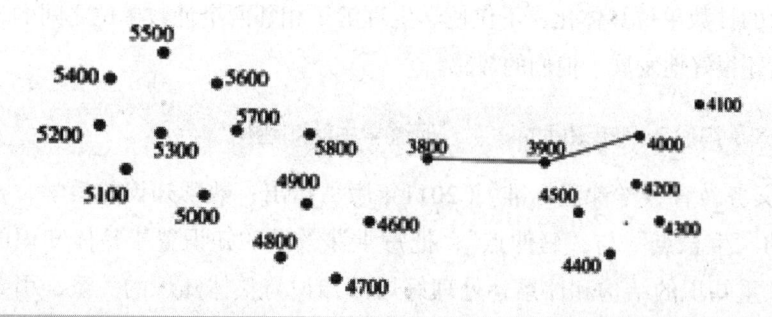

5500　5400　5600　5200　5700　5300　5800　3800　3900　4100　4000　5100　4900　4200　5000　4500　4300　4800　4600　4400　4700

（二）评价量规

1. 知识与技能。

优：能够正确地解答检测题目并说出背后的道理。

良：能够正确地解答检测题目。

合格：修改后能够正确地解答检测题目。

2. 过程与方法。

优：理解"十进位值制"，能清晰地表述相邻两个计数单位之间的十进制关系。

良：初步理解"十进位值制"，能正确地表述相邻两个计数单位之间的十进制关系。

合格：认识计数单位"千""万"，能运用计数单位数数。

3. 情感态度与价值观。

优：能积极参与探究活动，主动与人合作、交流，倾听同学发言并做出正确的评价与判断。

良：能积极参与探究活动，主动与人合作，倾听同学发言并做出评价与判断。

合格：能参与探究活动，主动与人合作，倾听同学发言。

七、教学反思

"万以内数的认识"是一节数概念课，是整数概念的进一步拓展，是学生进一步学习多位数及其大数计算的重要基础。如何根据学生学习概念的心理规律，使学生感受到计数单位产生的必要性、理解数的意义，以及计数单位、计数单位之间的关系呢？在本节课的教学中，我给学生提供了丰富的模型支撑，将抽象的计数单位具体化，不仅使学生理解了相邻两个计数单位之间的十进制关系，还很好地发展了他们的数感。

（一）沟通新旧知识间的联系，促进学生认知建构

《义务教育数学课程标准》（2011年版）指出，数学知识的教学，要注重知识的"生长点"与"延伸点"，把每堂课教学的知识置于整体知识的体系中，注重知识的结构和体系，处理好局部知识与整体知识的关系，引导学生感受数学的整体性。在本课教学中，我首先利用小正方体、计数器唤起学生对计数单位"一""十""百"及它们之间关系的回忆，然后再利用小正方体、计数器、黑豆，通过一百一百、一千一千、一万一万地数数认识计数单位"千""万"，体会相邻两个计数单位间的十进关系，感受到数学的整体性，学生在迁移、类比、推理中把新知识归纳到旧知识中，实现了新知识的同化，学生对十进制计数法形成了完整而正确的认识，从而对整数进行了再次建构。

（二）借助直观模型，帮助学生理解数的概念，发展他们的数感

小学生的思维是以具体形象思维为主，他们的抽象思维离不开形象的支

撑，在数概念的掌握中更需要模型、实物做引导。因此，在教学中我借助直观学具，让学生直观地参与数小方块、拨计数器等活动，学生不仅体会到新计数单位"千""万"产生的必要性，还体验到相邻两个计数单位的十进制关系，从而顺利地建立起数位、计数单位的概念，让他们自己来排列数位顺序表、说出各数位上的数表示的意思就水到渠成。此外，我还设计了数黑豆、数A4纸的张数、学生举生活实例等活动，学生不仅感受到1000、10000的大小，还感悟到不同的物体虽然数量一样多，但它们的多少、大小是不一样的，从而更好地发展了学生的数感。

（三）从生活中来，让学生体验数学与生活的密切联系

"数学生活化，让学生学习现实的数学"是数学新课程理念之一，因此，在本课教学中，我利用多媒体介绍生活中的大数，学生欣赏后都体会到生活中有很多大数，感受到学习大数的必要性，他们学习新知的积极性一下子被调动起来，随着对千、万等数理解的逐步深入，他们还列举出生活中很多的大数。如，有的学生想到1000根头发、1000个人、1000元钱、1000辆车，我国人口有14亿等。当老师出示万人礼堂图画、10000元人民币时，学生不禁发出了惊叹的声音！老师出示1000张A4纸，请学生想象、比画10000张A4纸的高度，不仅激发了学生学习的积极性、激起了学生对现实世界的关注和热爱，还进一步体会到万以内的数在生活中的作用，体验到数学就在我们身边，从而增强了学生学习数学的动力，使学生产生了积极的数学情感，品尝了求知的愉悦。

《大数的认识》教学设计

北京市史家小学通州分校　胥思媛

一、指导思想与理论依据

随着新课程改革的实施和推进，数感问题的研究引起广泛的关注。数学课程目标也发生了一些变化，《义务教育数学课程标准》（2011年版）明确指出要重视学生数感的培养，我们可以从课程标准中看出，在小学数学中的数

数，就这样认识

与代数部分，更加注重学生数概念的形成过程，注重发展学生的数感，让学生体会数与运算的实际意义，用数及其关系表达和交流信息，用数学的观点解释和解决现实问题等方面。课标中明确指出了数感就其内容而言，主要表现为七个方面：理解数的意义；能用多种方式表示数；能在具体情景中把握数的相对大小关系；能用数来表达和交流信息；能为解决问题选择适当的算法；能估算运算的结果；能对运算结果的合理性做出解释。

杜威认为，"从做中学"也就是"从活动中学""从经验中学"，它使学校里知识的获得与生活过程中的活动联系了起来。教育就是儿童现在生活的过程，而不是将来生活的预备。他说："生活就是发展，而不断发展，不断生长，就是生活。"因此，最好的教育就是"从生活中学习，从经验中学习。"教育就是要给儿童提供保证生长或充分生活的条件。由于生活就是生长，儿童的发展就是原始的本能生长的过程，因此，杜威又强调说："生长是生活的特征，所以教育就是生长。"在他看来，教育不是把外面的东西强迫儿童去吸收，而是要使人类与生俱来的能力得以生长。

因此本节课从学生已有的经验（万以内的数）出发，课中多处设计了学生的实践活动，使学生参与其中，并借助具体模型帮助学生理解抽象的大数。

二、教学背景分析

（一）教学内容分析

大数的认识是在学生认识万以内的数的基础上，对大数的再认识和学习，是对学生数概念的又一次扩充。本节课教学内容丰富，包含"亿以内的数"和拓展亿以上的数，知识相对集中，便于学生在已有知识和经验的基础上通过迁移类推获得新知，形成较完整的认知结构，集中进行大数的认识。

教材关于"大数的认识"这一内容编排不仅素材丰富、结构合理，而且内容的安排和素材的选择突出了数学的文化特色，加强了数学与现实生活的联系，同时对学生进行综合知识的渗透。突出了数概念的教学，从数学的高度把握十进制的原理，培养学生的数感，使学生逐步体会到数学不仅是有用的工具，同时也影响着人们的生活方式，促进人类的进步，留给学生自主探索和交流的空间。

从小学阶段的内容结构来说，对于数的认识，学生从一年级就开始学习。一年级学习了11—20各数的认识和百以内数的认识；二年级学习了万以内数的认识；三年级初步认识了分数和小数。经过第一学段的学习，学生对数的认识有了一定的基础，本学期学习大数的认识。这些知识也为以后学习小数的性质和意义甚至有理数和实数打下基础。

本节课是在学生学习了万以内数的认识、读、写之后继续学习的。大数的认识学习，使学生对自然数的认识有了一个更全面的认知与理解，并掌握数位、计数单位、十进制、数的读法和写法等知识，形成对自然数比较全面的认知结构。同时，大数的认识也是对学生数感培养的重要内容，万以上的数很难用直观的数量来感知，需要有一定的抽象思维能力，学生可借助一些参照物，感受大数的数量。同时大数的认识也扩充了学生对数与生活紧密联系的视野，从更大的范围与领域看到数的价值与作用。

（二）学情分析

小学四年级的孩子在知识技能方面经历从日常生活中抽象出数的过程，认识了万以内的整数、小数、简单的分数和常见的量；了解了四则运算的意义，掌握了必要的运算（包括估算）技能。学生进入了小学中年级阶段的学习与生活，生理和心理都有明显变化，是培养学习能力、意志品质和学习习惯的最佳时期。同时四年级的学生已经了解并可以用数和形来描述某些现象，感受数学与日常生活的密切联系。经历观察、操作、归纳等学习数学的过程，感受数学思考过程的合理性。在情感态度上面四年级的孩子开始从被动的学习向主动学习转变，虽然开始有了一些自己的想法，但是，有时还需要教师的指引及同伴的交流，以完善想法。在学习本节课内容之前学生已经掌握了万以内数的认识，为本节课的学习做了良好的铺垫。对于整数的知识有相应的掌握，如数数、写数、读数、比较、计算，以及计数单位和计数单位的个数、数位等。对本节课以及之后学习大数做了铺垫。

1. 课前调研

在设计这节课之前，我对学生进行了前测，当时孩子的主要问题出现在学习了个位、十位、百位、千位、万位后，认为后面紧接着就是亿位，因为个、十、百、千、万，每一个数位都是独立的一个字组成，所以他们认为紧

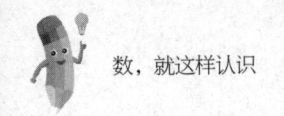

接着下一位就是亿位了。前测中有一道题问题也很大："10个一万是多少，也说明了孩子对于万后面的计数单位不清楚。基于以上发现我设计了本节课的教案。在最初的设计中我把数数和数位顺序表作为本节课的重点，让学生通过拨计数器数数去体会相同计数单位的累加会产生新的数位和计数单位。

2. 我的思考

（1）创设具体教学情境，培养学生对于大数的感受，发展学生的数感。大数对于学生来说比较抽象，读写起来也比较困难。教师应充分利用教材提供的素材，创设具体教学情境，使学生获得有关大数的丰富感受。

（2）注重基础知识、基本概念的教学，同时要为学生留有自主探索的空间。对于数位、数级、十进关系等知识，应让学生牢固掌握。但是，不应把现成的结论、法则直接告诉学生，而是要创设问题情境，要让学生自己去发现、去体会，通过自己的独立思考达到对这些知识的理解。

（3）密切大数与现实生活的联系，培养学生的数学意识。在教学中，教师应注意培养学生收集生活中大数的习惯和能力，如说一说生活中哪些地方会用到大数。通过教学应使学生逐步认识到，数的产生与发展都是生活实践的需要，认识数是为了用它来交流，来解决生活中的实际问题，从而培养学生的数学意识。

（4）教学前也可以让学生调查身边所看到和听到的大数，也可以通过主题图片创设情境引入课题。

三、教学目标及重难点

（一）教学目标

1. 联系已有的知识经验，在认识万以内数的基础上，通过认识数级进一步认识亿以内和亿以上的数，培养数感。

2. 通过数数和拨珠等活动，建构万级和亿级中各个数位的名称和计数单位，认识十进制计数法。

3. 感受大数在生活中的应用，充分体会数学的应用价值，激发学生学习数学的兴趣。

（二）教学重难点

教学重点：认识万级和亿级中各个数位的名称和计数单位，掌握相邻计数单位之间的进率。

教学难点：理解数级。

四、教学过程

（一）复习万以内的数位及计数单位

1. 在计数器上拨出这个数。（PPT出示"12369"）

学生利用手中的计数器进行拨数。

2. 提出要求：读读你拨的数，分别介绍每一位上的数字都表示什么。

学生指着计数器介绍数字表示的意义。（语言规范：个位上9颗珠子表示9个一，十位上6颗珠子表示6个十，百位上3颗珠子表示3个百，千位上2颗珠子表示2个千，万位上1颗珠子表示1个万，合起来是12369。）

3. 提问：通过拨数，我们复习了哪些数位和计数单位？（板书）

学生回顾学过的数位和计数单位。（注意区分数位和计数单位。）

【设计意图：计数单位这个概念比较抽象，学生不易理解，所以借助数数帮助学生进行学习，通过对每个数位上的数字进行介绍，让学生回忆学过的数位和计数单位。】

（二）小组合作，探究新知

1. 提出要求：在万位上拨9颗珠子。

提问：你拨的是几？表示什么？

学生动手操作，介绍数字表示的意义。

2. 追问：万位上再加一颗珠子，是多少？谁来上前拨一拨？

学生汇报，注意强调万位满十向前一位进一。（拨珠子时万位第10颗不要落下）

小结：十万位就是我们今天认识的第一个新数位（板书），它的计数单位是多少？

3. 继续十万十万地数，快来说说，你发现了什么？

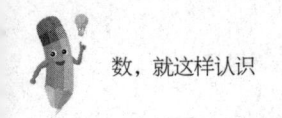

学生回答，引出百万位，板书。

【设计意图：教师引导学生在计数器上十万十万地拨数，引导学生思考"十万位满十怎么办"，使学生自主认识新的计数单位"百万"，并体会10个十万是百万。学生通过计数器珠子的累加过程培养数感。】

4. 教师追问：一百万再加二百万，是多少？

再加五百万，再加一百万，再加一百万，分别是多少？

引出千万位，板书。

5. 要求学生继续数下去。

学生自己数数，引出亿位，板书。

提问：还有没有比亿位更高的数位？那么你猜猜个位的右边还有数位吗？个位的左边呢？

总结：数位顺序表就像数轴一样，两边无限延伸，没有最低数位，也没有最高数位。

【设计意图：通过不同形式的数数让学生感受"满十进一"，认识新的数位和计数单位，体会位值制，渗透极限思想。】

7. 介绍级（边画表格边介绍）

教师抛出问题：数位越来越多，不容易记忆，有什么好的记忆方法吗？

引出数级出现的需要，观察计数单位，进行分组，体会四位一级的分级方法。

教师提问：观察表格，相邻两个计数单位之间有什么关系？（揭示：十进制）

【设计意图：由于数位顺序表变长，学生不容易记，尤其万以上的数位是新知识，更易混淆，因此学生需要快速记住数位顺序表，这就产生分级的需求，这一需求使学生加强了学习数级的欲望，体现了知识的价值。】

8. 从右到左依次读读数位名称，并说说相应的计数单位。

学生独立观察数位顺序表，讨论相邻计数单位之间的关系。

9. 提出要求：把表格补充完整。

……	亿级				万级				个级			级
……	……	亿位	千万位	百万位	十万位	万位	千位	百位	十位	个位	数位
……	……	亿	千万	百万	十万	万	千	百	十	一(个)	计数单位

【设计意图：熟悉数位顺序表，对数位、计数单位，以及相邻计数单位形成清晰的认识。进一步借助数位顺序表理解大数的意义和组成，发展数感。】

（三）巩固练习

1. 出示填空练习：在整数数位顺序表中，从右边起，第五位是（　　）位；第九位是（　　）位；与十万位相邻的是（　　）位和（　　）位。

> 在整数数位顺序表中，
> 从右边起，第五位是（　　）位，第九位是（　　）位；
> 与十万位相邻的是（　　）位和（　　）位。

2. 完成教材第4页第3题。

3. 我国以2010年11月1日零时为标准时点，进行了第六次全国人口普查。人口最多的4个省的人数见下表。请把这4个数分别填在下面的数位顺序表中。

省份	人数
广东省	104303132
山东省	95793065
河南省	94023567
四川省	80418200

亿级		万级				个级			
……	亿位	千万位	百万位	十万位	万位	千位	百位	十位	个位

4. 收集作品，组织交流。（具体介绍大数表示的意义）

5. 介绍生活中的大数。

【设计意图：在学生已经认识大数后联系生活实际，使学生对大数在现实生活中的运用有更深层次的认识。这种教学方法，不仅引起了学生学习的兴趣，大大加深了学生对数学知识的理解及在实际生活中的应用，还让学生深深地体会到数学问题与实际生活离得很近，从而将"数学问题生活化"。】

（四）总结

师：通过本节课的学习，你有了哪些收获？

总结：通过这节课的学习，我们对大数有了一些了解，在以后的学习中，我们会了解更多有关大数的知识。

五、教学效果与评价

（一）评价要点

1. 学生对课堂内容感兴趣，课堂参与度高，能够主动地思考并提出有价值的问题；学生掌握分析问题的方法，能够自主解决问题。

2. 课中学生知识的获得是通过教师的引导、学生自主建构，以及学生的互动交流获得。

3. 学生通过练习，能够反映出对所学知识掌握水平较高，拓展内容大部分同学能接受；师生间、生生间互动交流良好，课堂气氛活跃。

（二）学生学习效果评价

1. 评价要素

（1）基础知识。主要指标（权重）：20%。

A. 完全理解课中学习的内容，并能完成变形和拓展练习。

B. 理解大部分学习内容，拓展的较难部分能理解一下。

C. 掌握基础知识，能完成基本练习。

（2）思维能力。主要指标（权重）：20%。

A. 能一题多解，具有发散、综合思维的能力。

B. 主动思考，勇于质疑，具有独立思考的能力。

C. 只能停留在某种固定模式上思考。

（3）四能。主要指标（权重）：40%。

A．能通过多个方案择优解决问题，并发现问题、提出问题。

B．基本能独立分析、解决问题，只是思路单一。能提出一些简单问题。

C．能分析一些问题。只有通过合作，才有望解决问题。

（4）合作交流。主要指标（权重）：10%。

A．善于与人合作，不光有主见，还虚心听取别人的意见，并举一反三。

B．能与人合作，能倾听并接受别人的意见。

C．缺乏合作的精神，固执己见。

（5）课堂常规。主要指标（权重）：10%。

A．上课认真听讲，主动参与讨论。

B．上课能认真听讲，偶而参与讨论。

C．上课无心听讲，极少参与讨论。

2．评价方式

个人自评、学生互评、教师评价。

六、教学反思

在充分研究了《义务教育数学课程标准》（2011年版）的指导思想和一些相关的理论后，根据对学生的前测设计了本节课。与以往的教学设计相比，本节课具有以下特点。

（一）以生为本，适时进退

本节课的设计充分地让学生动手操作计数器，培养学生数感，使学生能够更好地学习新知。课中充分给予学生展示的机会，以学生为出发点与归宿，在教学中学生主动参与、全员参与和全程参与，保证学生最终成为学习的主人，以主人翁的姿态投入到学习过程中。教学环节的设计既有层次又灵活巧妙，多处设计都具有可延伸性和开放性，学生能讲老师就退，学生困惑老师就进。创设生生互动交流的情景，通过学生为学生的补充和质疑，引发思考，完善知识及语言。

（二）注重实践、模型建构

整数只是数中的一部分，数位顺序表如数轴一般，两边还有无穷无尽的数域。帮助学生渗透极限思想，数位顺序表左边的数位越来越高，右边的数位越来越低，个位的右边还有分数的计数单位：十分位、百分位、千分位……数位顺序表像一条直线，两边没有端点，可以无限延伸。今天我们学的整数数位顺序表只是从直线中截取的一条线段。如此一来，抽象的数位顺序表被具象化，也为以后学习小数做一个铺垫。

（三）关注学生"因需而生"

教师提前在黑板上画好表格不是很好。尤其是数级线的出现。这样做只是在给学生强行灌输知识，学生不容易接受。数位是一级一级因需产生的，个位可以表示一位数，当个位有10颗珠子时，个位已经表示不了了，需要一个更大的计数单位，因此产生了十位、百位、千位、万位、十万位、百万位、千万位、亿……有了这些数位之后，才产生了数级。复习时把学过的数位和计数单位写到黑板上，新授过程中随着拨数越来越大，产生了更高的计数单位，顺势板书。最后添加表格和分级线，让学生清晰地认识到数位顺序表的产生，帮助学生理解，达到教学效果。

《分数的初步认识》教学设计

北京市史家小学通州分校　武海深

北京市通州区梨园学校　贡爱莲

一、指导思想与理论依据

数学知识源于生活，并最终服务于生活，尤其是小学数学，多数在生活中都能找到其原型。《义务教育数学课程标准》（2011年版）指出：在教学中，要引导学生联系自己身边具体、有趣的事物，通过观察、操作、解决问题等丰富的活动，感受数的意义，体会数用来表示和交流的作用，初步建立数感。

三年级学生的思维正处于形象思维向抽象思维过渡的发展时期。数学教学活动必须建立在学生的认知发展水平和已有的知识经验基础之上，向学生提供充分的从事数学活动的机会，帮助他们在自主探索和合作交流的过程中真正理解和掌握基本的数学知识与技能、数学思想和方法。

二、教学背景分析

（一）教学内容分析

本课是京教版数学教材第六册第八单元的内容。教材从分数与除法的关系引入新知识的学习，突出了平均分的概念。例1所学习的内容是把一个物体平均分成几份，也就是单位"1"是一个物体，学习分子是1的分数。

这部分内容是在学生掌握了一些整数知识的基础上，初步认识分数的含义。从整数到分数是"数"概念的一次扩充。无论在意义上，还是在读、写法上，分数和整数都有很大的差异。学生初次学习分数，会感到有一些困难，因此在教学中通过形象直观的材料及学生的动手操作，帮助学生理解一些简单分数的具体含义，建立初步的分数概念，为学生进一步学习分数和小数打下基础。

（二）学情分析

从整数到分数，对学生来说是认知上的突破。在认识分数之前，学生已经认识了万以内的整数，理解了"平均分"的含义。平均分是学生认识分数的基础，学生能够用整数表示事物的数量，能够按照要求平均分给定的事物。同时学生在生活中也常常遇到一些分东西的事情：如两个人分一个馒头，每人一半；过生日时几个人分一个蛋糕，每人一块；四个人分一个苹果，每人一块……分数在生活中有的直观形象，只不过多数学生还不懂得用"数"表示所分得的馒头、苹果、蛋糕等等。

本节课的内容是新内容，分数的概念比较抽象，学生学起来可能较为困难。因此，在教学过程中要创设学生熟悉的感兴趣的情境，从简单的生活实例入手，形象地讲解分数的概念，使学生在主动的操作活动中感悟并理解分数的含义。

（三）我的思考

通过前测我发现学生在表示半个物体时出现了不同的表示方法，有29.9%的学生用文字"一半"表示；有58.2%的学生用小数0.5表示；用分数$\frac{1}{2}$表示的有7.5%，还有3.0%的学生根本就没有表示。可见知道小数的学生占大部分，他们对小数更熟悉，有着较为丰富的生活经验。能用分数$\frac{1}{2}$表示的人仅有5人，这也与学生平时接触分数比较少有关系。有22.4%学生想到了用分数表示阴影部分。其中能讲清图意的占16.4%，能用分数$\frac{1}{4}$表示但不能讲理由的占6.0%，不但能用$\frac{1}{4}$表示还能解释$\frac{1}{4}$含义的有7.5%，懂得$\frac{1}{4}$的含义写成$\frac{4}{1}$的有9.0%。由$\frac{4}{1}$看出一些学生虽然知道分数，但对于分数写法不够了解，为什么要这样写分数更是知之甚少。综合来看，学生对分数并不是一片空白，他们有了结合图解释图意的能力，对分数的含义有自己的认识。还看到学生在解释含义时对"平均"一词漏掉的较多，虽然在访谈中，学生都能说出要平均分，但可以看出对于平均分与分数的关系并没有足够的重视。如何在学生头脑中把抽象的分数与具体的图示有机地联系起来，使学生初步地感悟到分数所表示的是部分和整体之间的关系是需要思考的地方。

三、教学目标与重难点

（一）教学目标

1. 结合具体情境和直观操作，通过观察思考与体验，对分数产生初步的认识，知道几分之一所表示的含义，能正确地读写分数。
2. 会用折纸、涂色等方式表示简单的分数，体会建立数学概念的基本过程和方法，发展数学思维和语言表达能力。
3. 体会到分数的产生是生活的需要，感受数学与生活的联系。

（二）教学重难点

教学重点：建立起分数与直观形象之间的联系，启发学生理解分数的含义。

教学难点：联系生活实际，将读写法与分数的产生建立起联系，理解分数的含义。

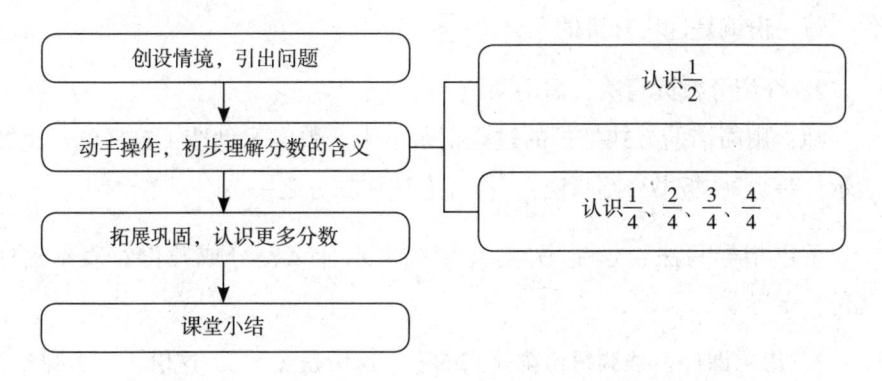

四、教学思路

```
创设情境，引出问题 ──┐       ┌─ 认识 $\frac{1}{2}$
        ↓              │       │
动手操作，初步理解分数的含义 ─┤
        ↓              │       │
拓展巩固，认识更多分数 ──┘       └─ 认识 $\frac{1}{4}$、$\frac{2}{4}$、$\frac{3}{4}$、$\frac{4}{4}$
        ↓
    课堂小结
```

五、教学过程

（一）创设情境，引出问题

1. 出示4块月饼、2块月饼，自由说如何把这些月饼平均分给2个小朋友。

2. 出示1块月饼。

引起思考：如何分这块月饼？怎样表示出一半呢？用你喜欢的方式把分的结果在黑板上表示出来，也可以用你的圆片代表月饼表示一下。

预设：用纸、图、数表示，体现抽象的过程。

（优化出哪一种表示的方法更加简洁。）

【设计意图：以学生熟知的生活情境入手，拉近了数学与生活的距离，同时体现以情激趣，使学生带着愉悦的心情学习数学。教学一开始，我就注重平均分的渗透，为后面的新课做铺垫。学生在分物的过程中感受产生分数的必要性，让学生想办法表示出"一半"，充分尊重了学生已有的知识经验，准确地把握了认识分数的过程；让学生经历了从对"一半"的理解，到个性化的表示，再到数字的表示过程，激发学生兴趣，让学生在亲身体验中理解，提供给学生发挥创造力的机会。】

（二）动手操作，初步理解分数含义

首先是认识 $\frac{1}{2}$。

1. 说含义：你们都是怎么做的？不管横着分还是竖着分都是怎么分的？

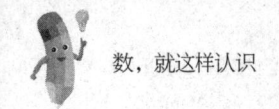

（平均分）平均分就意味着什么？（每一份都同样多）（把一块月饼平均分成2份，每一份就是这块月饼的$\frac{1}{2}$）

2．介绍分数读写法，揭示课题。

师：用简洁的方式把折的过程记录下来。数学家创造了这样的一个数来表示"一半"，板书介绍写法：$\frac{1}{2}$。（它读作二分之一）

重点指导写法：学生书空。（横线表示什么？分成几份？表示这样的几份？）

3．出示课件：强调每份都是它的$\frac{1}{2}$，这份是（　　），这份（　　）呢？

4．出示巩固练习（判断下面涂色部分哪些用$\frac{1}{2}$来表示，并说说为什么）

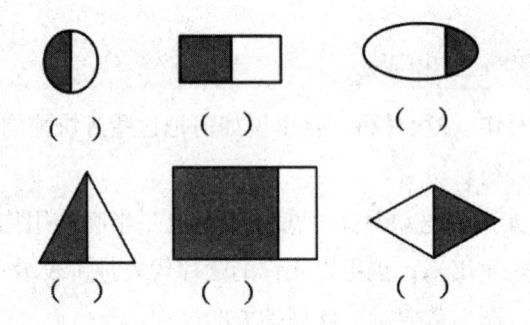

（　　）　　（　　）　　（　　）

（　　）　　（　　）　　（　　）

师：你有什么发现？（不管是什么图形，只要是把它平均分成2份，每份就是它的$\frac{1}{2}$）

你还有什么发现？（只有在平均分的情况下才能产生分数）

【设计意图：进一步巩固分数的含义，感受到只有在平均分的基础上才能产生分数。】

5．动手操作得到$\frac{1}{2}$。

师：同学们知道了月饼的$\frac{1}{2}$，你能找到一张纸的$\frac{1}{2}$吗？

提出要求：请找出一张长方形纸的$\frac{1}{2}$，画上斜线。比一比谁最快。

学生自由利用长方形纸表示$\frac{1}{2}$，汇报：怎么找到这个长方形纸的$\frac{1}{2}$的？

引导学生提出问题：同是一个长方形，折法不同，涂色部分为什么都用

$\frac{1}{2}$来表示？

师小结：同是一个图形，折法不同没关系，只要是把这个图形平均分成2份，每份就是这个图形的$\frac{1}{2}$。不涂色部分占长方形纸的多少呢？（还是$\frac{1}{2}$）

【设计意图：在动手操作中，动手动脑相结合，使学生逐渐经历分数产生符号化的过程，感受分数产生的必然性。】

再来认识认识$\frac{1}{4}$、$\frac{2}{4}$、$\frac{3}{4}$、$\frac{4}{4}$。

师：还是这张纸，我再对折一下，你知道其中的一份是多少吗？

学生说说是怎样知道的。

强调每一份都是多少？

【设计意图：利用学生的经验，形成学法迁移，用语言理解$\frac{1}{4}$的含义，并引导学生说清楚是谁的四分之一。进一步利用直观现象帮助学生理解分数的含义。】

追问：2份是多少？是几个$\frac{1}{4}$？3份呢？4份呢？

（三）拓展巩固，认识更多分数

1. 提出要求：用这张纸还能再折吗？利用你手中的材料试试看，还能产生哪些分数？

提问：还能出现多少个分数？（无数个）

2. 学生汇报发现。（预设：分的份数越多，得到的每一份越少）

3. 观察手中材料。（纸片、绳、线段）

提要求：请同学们选一种材料，表示出你想认识的那个分数，完成后和学习小组的同学交流一下你是怎样表示的。

学生自由折，教师巡视。

学生汇报：说一说你是怎样得到的这个分数，能说一说它表示什么吗？

【设计意图：培养学生选择自己喜欢的问题，去独立解决，从而认识更多的分数，更进一步体会分数的含义。】

4. 判断人在胎儿、婴儿时期头长占整个身长的多少。

师：人在成长过程中，头长占身长的比例也各不相同。

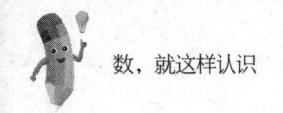

（1）师：你能估一估胎儿的头长约占整个身长的多少吗?

生：估计并说明理由。

师：出示分段图片证明。

（2）出示婴儿图片。

（3）估计一名学生和老师的头长占身长的比例。（说明估计的根据）

【设计意图：利用学生熟悉和感兴趣的人物做练习，拉近了数学与生活的距离。】

（四）课堂小结

1. 提问：通过今天的学习，你有什么收获？

2. 师小结：同学们，今天咱们认识了这么多分数，其实只要你留心，生活中处处有分数。

（五）板书设计

分数的初步认识

$\frac{1}{2}$ 　　读作二分之一　　平均分

把1块月饼平均分成2份，

每份是这块月饼的 $\frac{1}{2}$

$\frac{1}{6}$　$\frac{1}{10}$　$\frac{1}{100}$　……

六、教学效果和评价

（一）评价方式

1. 下面图里的涂色部分怎样用分数表示？请写出来。

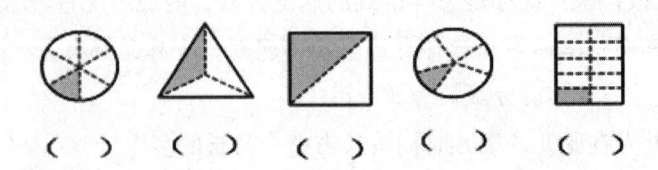

（　）　（　）　（　）　（　）　（　）

2. 知识测评。（小试卷）

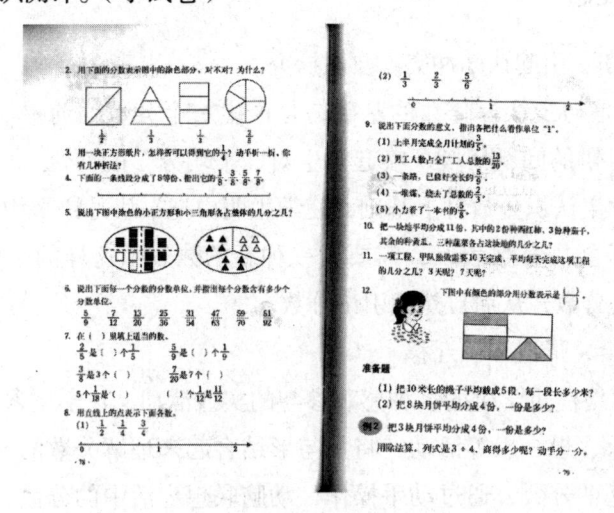

3. 课上你的表现怎么样？你喜欢今天的哪个活动？为什么？

4. 你的同桌表现得怎么样？

（二）评价量规

1. 知识与技能

（1）能独立完成练习，能够看图正确的表示几分之一。（优）

（2）能独立完成练习，能够达到90%的正确率。（良）

（3）能在提示下完成练习，能够达到60%的正确率。（及格）

2. 过程与方法

（1）气氛活跃，学生参与度高，能够通过折一折、分一分独立创造几分之一。（优）

（2）能够比较积极参与学习；基本能够通过折一折、分一分独立创造几分之一。（良）

（3）在他人帮助下，基本能通过折一折、分一分创造几分之一。（及格）

3. 情感态度与价值观

（1）课堂上积极思考，主动与同学讨论、学习过程轻松愉快。（优）

（2）感觉学习过程轻松愉快。（良）

（3）上课能保持较长时间参与。（及格）

七、教学反思

1. 创设情境，引起认知冲突，自主探究

"平均分"是初步认识分数的基础，是产生一个分数的前提。教学一开始，就通过分月饼的问题情境，唤起学生对"平均分"的回忆。由整数引出分数学习，为学生认识分数打下基础，使学生明白把一块月饼平均分成两块，每块是半个，不能用整数表示，需要用一种新的数表示这样的一份或几份，这种新的数就是分数，从而自然地引出分数。

2. 数形结合，形成知识迁移

教学自始至终注重学生的多种感观参与的实践活动，让学生参与折一折、画一画、涂一涂、想一想等活动，将数与形结合起来理解分数的含义。花较多的时间认识这个分数，通过动手操作，动脑联想生活中的分数，在学生头脑中多角度建立起模型。在学生充分认知的基础上，形成对其他分数的迁移。

3. 合作交流，互动提高

学习新知的过程中，发挥学生的主体作用，在交流中互相引导，探索问题的答案和讨论问题的方法。对于学生中出现的各种有道理的想法和观点，都给予积极的肯定，鼓励他们在学习活动中充分展开推理和想象。教学中安排丰富有趣的拓展练习，使学生加深对整体与部分关系的理解，初步认识分数，培养学生有理有据的逻辑思维能力。

《分数的初步认识》教学设计

北京市通州区中山街小学　穆健

一、指导思想与理论依据

"数的认识"是学生学习数学的基础，从整数到分数，学生的数学学习将要建立一个新的数的概念，是对数的认识的一次质的飞跃。《义务教育数学课程标准》（2011年版）指出在数的认识教学中，要引导学生联系自己身边具体、有趣的事物，通过观察、操作、解决问题等丰富的探究活动，感受数的意义，初步建立数感。

因此在"分数的初步认识"这节课中，不仅要使学生初步认识几分之一和几分之几，更要引导学生通过生活中的活动经验，累积数学思想和方法，通过合作探究，形成利用数学解决问题的能力，发展核心素养。

二、教学背景分析

（一）教学内容分析

本课是京教版数学第六单元第一课时的内容。这一教学内容是学生在初步认识了平均分的基础上接触到的，对于三年级的小学生来说，如此抽象的概念会让他们感到较难理解，因此教材能按照学生的认知规律由浅入深、由具体到抽象和理论联系实际的原则进行编写，教材中分数的定义虽然不做很严格的要求，但为后面的进一步学习做了铺垫。

1. 纵向分析。

在京教版小学数学教材中，分数的学习主要分为两个阶段：分数的初步认识（三年级），主要为认识部分与整体的关系；分数的再认识（五年级），为理解比率、度量运作、商的内涵；在此基础上综合应用，解决分数运算和简单的实际问题。

本单元分数的初步认识从整数的平均分开始，学生通过认识几分之一，到几分之几，再到简单的同分母分数加减法，对于分数的概念有了一个简单而清晰的认识，为将来进一步学习、提升打下基础。因此，本课在教材中处于承上启下的作用。

2. 横向分析。

对比京教版、人教版和北师大版三个版本的教材，确定本教学设计具体实施方案。

数，就这样认识

| 京教版 | 人教版 | 北师大版 |

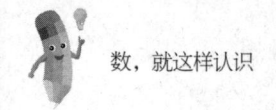

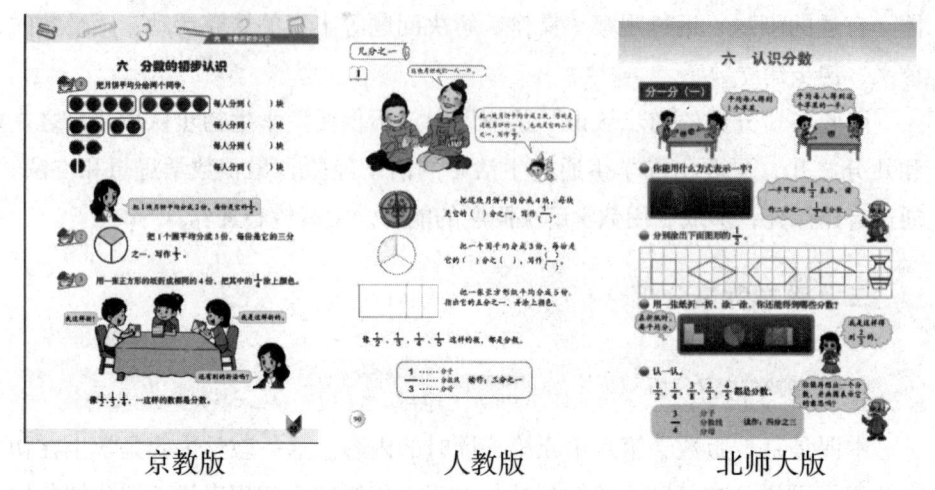

比较三版教材的内容编排，都包含了5个基本的知识点：认识几分之一、比较几分之一的大小、认识几分之几、比较同分母分数的大小和同分母分数的加减法。但是通过上面的比较，不难看出三种教材在内容编排方面的差异：

京教版和人教版"分数的初步认识"分别编排在三年级上、下册，循序渐进，主要有6个知识点，比苏教版多了一个关于"1减去几分之几"的知识点，强调认识一个物体（图形）的几分之一和几分之几。北师大版"分数的初步认识"编排的一大创新是它将教学内容分布在两个阶段，在三年级的上学期安排"初步认识分数和简单分数加减法"，下学期安排"认识整体的几分之一与几分之几和求整体的几分之一与几分之几是多少"，引导学生通过操作，初步学会解决求一个数的几分之一或几分之几是多少的实际问题。北师大版教材新增加了"求一些东西的几分之一、几分之几是多少"的问题研究，突破了传统的内容编排做法。

三版教材在"分数的初步认识"这一知识点都注意利用情境运用和学生动手操作来引入新知，将内容与学生的生活经验相联系。京教版主要以直观图和生活情境激发学生学习的兴趣，通过一些"涂一涂""折一折"这样的实践让学生能够动手操作，培养学生动手操作的能力；北师大版同样利用生活情境和学生动手操作激发学生的探究欲望，但比较多地利用学生的动手操作，通过学生的自我感知引入新知。北师大版教材强调通过问题情境激起学生的求知欲望，更为强调比较情境的创设。

综上所述，北师大版更注重对学生理解知识、运用知识能力的考查，尤为重视将学生学过的旧知识和新知识的综合运用，利于学生新旧知识的联系和运用，培养学生分析问题、解决问题的能力。

（二）学情分析

测试题目	测试结果
1.连一连（图示：$\frac{1}{4}$、$\frac{1}{8}$、$\frac{7}{8}$、$\frac{1}{2}$）	有76.6%的学生能够正确地连接，错误的孩子反映感觉比较混乱，很少有超过两个连对的情况。
2.请你试着选择一组说一说这个数表示的含义。	有63%的孩子是从平均分成的份数和被涂的分数来解释的。

通过前测我们看到，学生在生活中可能接触过二分之一，三分之一等分数，但并不理解它的含义。分数的产生是从等分某个不可分的单位开始的，儿童生活中和数学学习中已有这样的经验，或曾有这样的知识基础，但还不会用分数来表述。所以教学中要注意让学生从实际生活经验出发，在丰富的操作活动中主动地去获取分数的相关知识。

三、教学目标及重难点

（一）教学目标

1. 感受分数的产生过程与必要性。
2. 经历分数符号从"多样"到"统一"的发明过程。
3. 理解单位1，渗透分数单位，实现学科关联。

（二）教学重难点

教学重点：结合"数出于数（shǔ），分数源于分"，让学生了解分数"几分之一"的产生，了解它的含义；会读、会写"几分之一"的分数。

教学难点：建立"几分之一"的表象。

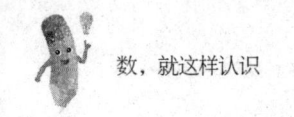

四、教学过程

（一）1/2的产生

1. 师：我们在生活中通常把8点30分说成8点半，提到"半"，你在生活中哪里遇到过？那这些"半"在这里都是什么意思呢？（选择一个来解释）

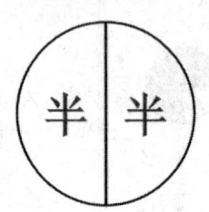

（引导：一块看作数字1，其中一份是半个，另一份也是半个，合起来是1）

2. 师：像这样的"半块、半个、半圈"怎么用数学的方式来表示呢？

3. 用字典引出二分之一，以及"半"字在字典中的解释。

> 半 bàn
> ① 二分之一；十个的一~是五个｜米布｜一吨~｜分给他一~。
> ② 在中间：~夜｜~途而废。
> ③ 不完全的：~透明｜~脱产。

【设计意图：经历生活情境，体会自然数与分数的产生。通过表述，延伸，提出问题，产生解决问题的需求，初步认识二分之一。】

（二）认识1/2

1. 师：二分之一是我们用语言文字来表示的，那如果用数学的方式应该怎么表达呢？下面我们来看任务一。

任务一：

你认为应当用什么样的数学方式表示二分之一？请你写下来，写完之后向同伴介绍你的方法。

二分之一：＿＿＿＿＿＿＿＿＿＿＿＿＿＿＿＿＿＿＿＿＿＿＿＿＿＿
＿＿＿＿＿＿＿＿＿＿＿＿＿＿＿＿＿＿＿＿＿＿＿＿＿＿＿＿＿＿＿

（1）"半块"是怎么得到的，请你先来动手分一分。

（2）请你用画图、文字或者数字的方式来记录自己分的过程。

（3）与同伴交流你的想法。

2. 请同学来给大家介绍一下。汇报、质疑，交流。

【设计意图：合作探究，理解和表达分数的产生。通过动手操作，探究交流，深刻理解二分之一的意义。】

（三）拓展分数的意义

1. 师：同学们，现在我们知道二分之一是怎么产生的，也初步认识了二分之一。老师这里还有一个分数，你认识吗？

任务二：$\dfrac{1}{(\ \ )}$。

小组合作，用正方形和圆形纸折一折，并用阴影把心中的分数表示出来。

2. 师：看到用图来表示出的这些分数，你有什么发现吗？

3. 总结：我们以前认识了0、1、2、3、4、5之类的数。今天我们认识的数叫分数。为什么叫分数呢？

【设计意图：创造分数，加深理解。归纳与整理。总结得出结论。】

（四）应用分数

1. 师：下面哪些图形的涂色部分能用分数表示？并说明为什么？

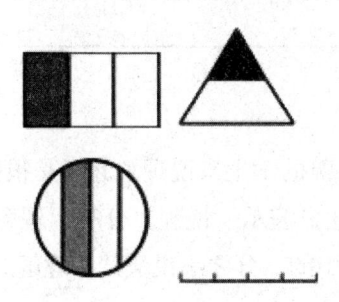

2. 师：这首诗中的分数在哪里？

岳阳楼

杜庠

茫茫雪浪带烟芜，

天与西湖作画图。

楼外十分风景好，

一分山色九分湖。

【设计意图：在练习中加深对分数含义的理解。渗透几分之几。渗透文化，实现数学和语文学科的关联教学，体现分数的无处不在。】

（五）结束

数学日记，写故事。以今天所研究的"分数的初步认识"为内容，写一篇数学日记，写出你对分数的认识，并结合生活说一说在哪里发现了分数。

五、教学效果评价

评价内容	具体表现	评价标准		
		优	良	及格
知识与技能	理解单位"1"的含意			
	理解分数单位的含意			
	准确表述具体情境中分数的意义			
	能根据问题情境选择合适的分数进行表示。			
过程与方法	主动参与活动，抽象并概括分数的意义，辨析把"一个"和"整体"看作单位"1"在意义上的区别与联系			
情感态度与价值观	学会讨论交流，与人合作，倾听同学发言并作出评价与判断			

六、教学反思

分数的认识对于低年级的学生来说理解起来是很困难的，特别是量与率。1.强化"半"，下大功夫通过演示、说理、分解，理解好半个、半块、半路等具体量的表示。2.把字典中的二分之一说清楚，理解好二分之一与"半"的关系。3.表示$\frac{1}{2}$，有前面的基础会水到渠成。4.通过练习，去巩固$\frac{1}{2}$，创造出一个图形的$\frac{1}{2}$。大小不同、形状不同、颜色不同。有了以上的基础，分数接下来的学习就是一件简单的事。

《分数的意义》教学设计

北京市史家小学通州分校　武海深

一、指导思想与理论依据

数学知识源于生活，并最终服务于生活，尤其是小学数学，多数在生活中都能找到其原型。《义务教育数学课程标准》（2011年版）中指出：在教学中，要引导学生联系自己身边具体、有趣的事物，通过观察、操作、解决问题等丰富的活动，感受数的意义，体会数用来表示和交流的作用，初步建立数感。五年级学生的思维特点正处在抽象思维过渡发展时期。数学教学活动必须建立在学生的认知发展水平和已有的知识经验基础之上，向学生提供充分的从事数学活动的机会，帮助他们在自主探索和合作交流的过程中真正理解和掌握基本的数学知识与技能、数学思想和方法。

在这些理念指导下，本课将以三年级学生对分数的初步认识为基础，关注学生的已有经验，遵循学生的认知规律，力求借助几何直观唤起学生的经验，促进自主探究，实现对分数意义的再认识。

二、教学背景分析

（一）教学内容分析

分数意义是小学数学教学的重要内容，是数意义的一次拓展。由于分数的概念较为抽象，京教版教材对于分数这个概念的认识是分为两个阶段进行的，三年级时安排了分数的初步认识，学习把一个物体（或图形、计量单位）平均分得到分数，读写分数，了解了分数的各部分名称，会比较同分母分数的大小及分母不超过10的简单分数加减法。五年级安排了分数的意义的学习，本单元是学生系统学习分数的开始，在学生初步认识分数的基础上，使学生的认识从感性上升到理性。例题1主要是教学分数的意义，建构单位"1"。从一个到多个，从可数到不可数，最后认识到可以是一个整体。利用教具或学具，针对平均分6个苹果的情境，亲自动手分一分，使学生的认识从数量之间比较的层面，上升到"份"与"份"的比较，进而理解分母、分子的含义。由一个到多个物体组成的一个整体，是一个由具体到抽象的过程。因此这种由多个物体形成的整体中部分与整体的关系，数量与份数的关系是学生理解的难点。在六年级，学生还要继续学习比和分数的关系，进而深化分数的认识。因此，《分数的意义》这节课起着承上启下的作用，它既是简单分数的再认识，同时也是抽象认识分数的开始。本课教学重在对分数的意义的理解。

（二）学生情况分析

学生在三年级下学期学习了分数的初步认识，初步了解了分数的含义。五年级下学期的学习是对分数意义的进一步认识，即单位"1"，不仅可以是一个物体，还可以是多个物体。因此，对于学生的已有知识和经验，做了前测。

通过调研，我发现学生对于分数的认识存在以下问题：第一，对于单位"1"认识不清，尤其是把多个物体看作单位"1"时，学生会出现份数与数量混淆的现象，这也反映出学生对于分数意义的认识不足。第二，个别学生对于分数的书写仍有问题，不知道分子、分母分别表示什么含义，出现分子与分母颠倒的现象。第三，对于分数产生的背景不了解，只注重了分数知识的掌握。如何帮助学生正确建立单位"1"的概念？如何区分份数与数量之间的关系？如何避免学生受无关数据的干扰从而正确的理解分数的意义呢？我认为只有借助学生原有的知识经验，在大量举例的基础上，学生认识到单位"1"的本质含义，从而建立几何模型。在大量的操作活动中、在易混知识的对比中以及与学生间的交流中，让学生经历从具体到抽象的过程，从而理解分数各部分的含义，正确理解分数的意义。

三、教学目标及重难点

（一）教学目标

1. 在具体情境中，理解单位"1"既可以是一个个体，也可以是一个整体，进而理解单位"1"的含义。

2．在动手操作中感受分子分母的含义，理解分数的意义，培养数感。

3．在动手操作、合作交流中培养学生实际操作的能力和抽象概括的能力。

（二）教学重难点

教学重点：建立单位"1"的概念，理解分数的意义。

教学难点：理解单位"1"，感悟分数与单位"1"之间的关系。

四、教学过程

（一）认识单位"1"

1．猜数小游戏：（动态逐步出示图片）

（1）○表示1，则下面用数字表示几？

○○○○？（答案：4）

（2）○○出示1

则○○○○表示多少？（答案：2）

（3）○○○○○○○○出示1

则○○○○表示多少？（答案：1/2）

分别让学生回答，并说理由。

2．出示：以上完整的图片。

提问：同样都是4个，为什么有的用4，有的用2，还有的用$\frac{1}{2}$表示？

小结：因为这里"1"不同，所以表示的结果也不同。（板书：比较的标准）

引导思考：12个圆片可以用1表示吗？16个呢？生活中哪些事物还可以用1表示？（学生举例）

揭示：这个1是比较的标准，就是单位1，为区分写成"1"。（齐读：单位"1"）

【设计意图：以学生熟知的生活情境入手，拉近了数学与生活的距离，同时体现以情激趣，使学生带着愉悦的心情学习数学。学生在分物的过程中感

受产生分数的必要性，充分尊重了学生已有的知识经验，经历个性化的表示，让学生在亲身体验中理解。】

（二）理解分数的意义

1. 尝试研究$\frac{1}{4}$。

出示自主探究要求：（利用小试卷）

（1）用你喜欢的方式表达出来。

（2）与同桌交流你是怎样表示的。

没有思路，老师准备了一些小学具，学生举手说。（1条线段、2个圆形、4个苹果、8朵花、12支铅笔、16个三角形……）

2. 教师巡视，收集典型作品，组织学生进行交流。

组织学生互动交流，引导观察分类。

3. 比较这些$\frac{1}{4}$有什么相同和不同之处。

预设：相同之处：都是平均分成4份，表示这样的1份；

不同之处：表示的物体个数不同，每份的数量不同，也就是单位"1"不同。

4. 出示小试卷：12朵花，你还能表示出哪些分数？说一说有什么发现。

5. 独立思考，同桌交流，学生代表汇报。

【设计意图：感受总数不变，平均分的份数与每份数之间的关系。进一步在头脑建构分数的数概念，帮助学生理解分数的含义。】

（三）深化理解分数的意义

1. 感知单位"1"与每份数的关系。

（1）课前老师分给各组一些小棒，每组请取出小棒总数的$\frac{1}{2}$。

（2）汇报数量。

师：同样是$\frac{1}{2}$为什么有的组取1根，有的组取2根？

师：取1根的，它的总数是多少？那2根呢？

如果我有6根小棒，正好占总数的$\frac{2}{3}$，那么小棒总数应该是多少？

2. 填空。

小明全家5个人平均分一块蛋糕，每人吃这块蛋糕的（　　）。

把5支铅笔平均分给5名学生，每名学生分的铅笔数占总数的（　　）。

把a个本平均分给5名学生，每名学生分的本数占总数的（　　）。

把一堆桃子平均分给5只小猴，每只小猴得到的个数占桃子总数的（　　）。

【设计意图：在动手操作中，动手动脑相结合，学生逐渐经历分数产生符号化的过程，感受分数的本质。】

（四）拓展应用，巩固提高

1. 出示：目前全世界的淡水资源仅占其总水量的 $\frac{1}{40}$，淡水资源的 $\frac{7}{10}$ 以上被冻结在南极和北极的冰盖中。

【设计意图：培养数感，进一步理解分数的意义。】

2. 奖励：我拿出贴画的 $\frac{1}{2}$ 奖励男生，拿出剩下贴画的1/2奖励女生，你怎么看这件事？公平吗？

【设计意图：通过学生根据部分找整体的活动进一步巩固学生对分数的认识，考查学生对分数意义的理解。】

（五）梳理小结，内化提升

师：通过今天的学习，你有什么收获？

学生交流。

（六）板书设计

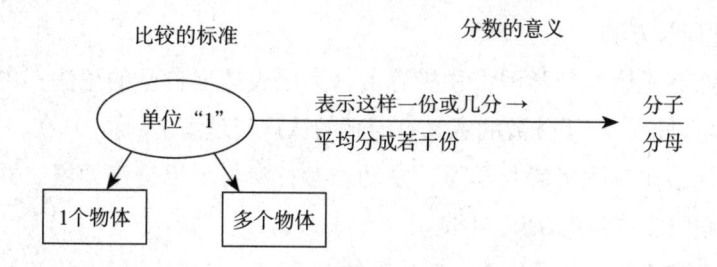

比较的标准　　　　　　　　分数的意义

单位"1" →表示这样一份或几分→ 分子/分母
　　　　　　平均分成若干份

1个物体　　多个物体

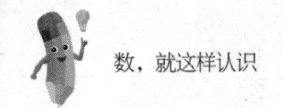

五、教学效果与评价

（一）评价方式

1. 知识与技能

检测内容：

（1）你能用分数表示下图的含义吗？

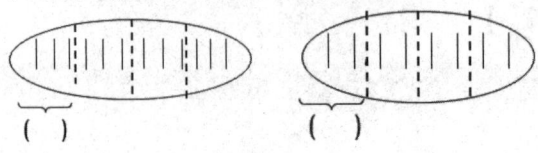

( )　　　　　( )

你觉得这两个分数一样吗？谈谈自己的看法。

2. 过程与方法

能否积极参与学习，表达出自己的想法。

3. 情感态度与价值观

（1）课堂上你是否积极参与，主动回答问题。

（2）能否独立思考，并解决问题。

（二）评价量规

1. 知识与技能

（1）能独立完成练习，并且能够有条理地表达自己的想法。（优）

（2）能独立完成练习，能够达到85%—90%的正确率。（良）

（3）能完成练习，达到60%的正确率。（及格）

2. 过程与方法

（1）能够积极参与学习，积极思考，大胆表达出自己的想法；主动参与小组交流与讨论；对于分数的意义有清晰的认识与理解。（优）

（2）能够比较积极参与学习，主动思考；参与小组交流学习，并对于分数的意义有较为清晰的认识。（良）

（3）能能够参与学习活动，对分数的意义有一定的认识。（及格）

3. 情感态度与价值观

（1）课堂上积极思考，积极回答问题，愉快地完成学习任务，获得成功感。（优）

（2）能愉快地完成学习任务。（良）

（3）全程参与学习，基本能够按要求完成任务。（及格）

六、教学反思

1. 重视已有经验，突出比较标准，建构单位"1"。

学生在三年级学习《分数的初步认识》时，已学习了用分数表达整体与部分之间的关系。单位"1"是分数产生的基础，对单位"1"的理解既是抽象出分数本质特征、深刻理解分数意义的关键，又具有抽象性的一面。为了使学生更好地理解单位"1"的概念，我充分利用学生的已有经验，突出事物之间的相对性，认识到标准不同，表示的结果不同。

2. 注重对比辨析，深入理解分数的意义。

本节课的教学中我让学生经历了多次对比，即：相同分数不同单位"1"的对比，相同单位"1"不同分数的对比，分子相同分母不同分数的对比，相同对应量不同分数的对比和相同分数不同对应量的对比，在对比中使学生进一步理解了单位"1"、分子、分母的实际含义，理解分数的本质意义。

3. 合作交流，互动提高。

学习新知过程中，发挥学生的主体作用，在交流中互相引导，探索问题的答案和讨论问题的方法。对于学生中出现的各种有道理的想法和观点，都给予积极的肯定，鼓励他们在学习活动中充分展开推理和想象。教学中安排丰富有趣的拓展练习，使学生加深对整体与部分关系的理解，初步认识分数，培养学生有理有据的逻辑思维能力。

《百分数的意义》教学设计

北京第二实验小学通州分校　晁倍倍　李海英

一、指导思想与理论依据

《义务教育数学课程标准》(2011年版)中要求"数与代数"的教学,要充分依托学生的现实背景,紧扣所联系的生活情境,进行生动的、具体的"意义"解释,帮学生充分地了解数的具体含义及其背后所隐藏的丰富内涵。随着课改的深入推进及数学核心素养的研究表明,教师不是在创造数学,而是在创造学生对数学的理解,要为学生提供自主思维的时间和空间,实现概念的意义建构。学生在认识概念时一般需要经历从具体期、确认期、理解期、抽象期到最后的形式期五个阶段,教学中要充分依据这一认知规律,引导学生开展探究活动。

二、教学背景分析

（一）教学内容分析

《百分数的意义》是京教版六年级上册第六单元第一课时的内容,隶属于数与代数这一领域,是在学生学习了整数、小数及分数的意义,掌握了分数四则运算及混合运算及能解决分数相关实际问题的基础上进行教学的。它既是学生掌握"数"概念的重要一环,又是学生体会数学应用广泛性的极好素材。此外,百分数是一个重要的统计量,很多统计数据都是以百分数呈现的。因此,百分数的教学不仅要让学生了解百分数的产生过程,掌握百分数的意义,还要让学生感受百分数对于统计的价值和意义。这些内容可以在后续的学习中逐步展开,不是一课时就可以完成的目标,可以在教学中进行适当渗透。

为了更好地理解"百分数",我对不同版本（京教版、人教版、北师版和苏教版）教材内容进行了对比分析。共同点有:（1）四个版本均将这一知识点安排在六年级上册；（2）呈现丰富的生活素材，既体现了整体与部分之间的关系，又体现了两个独立量之间的关系；（3）明确百分数的定义（表示一个数是另一个数的百分之几）；（4）百分数的读法与写法。不同点有：（1）人教版和苏教版是在学习了"比"之后学习"百分数"，而北师版和新京版是先学"百分数"再学"比"；（2）京教版、北师版和苏教版均是通过创设情境引入百分数的必要性，而人教版从日常生活中常见的百分数入手；（3）人教版呈现的实例中的百分数包括百分号前面的数得是整数的、小数的、小于100的、大于100的，使学生认识各种情形的百分数，而其他三个版本呈现的主要是小于100的整数，在后面的练习中选取了不同类型的百分数。

对比分析后，我认为第一课时要学习百分数的意义和读写，百分数的读写学生较为容易接受，主要关注百分号的写法；教学的力度应主要用在引导学生理解百分数的本质，即它用来刻画和描述两个数量之间关系的数，这两个数量可以是部分与整体关系的数量，也可以是独立关系的数量。

（二）学生情况分析

1. 调查题目

题目1：你认为60%表示什么意思？请你试着表示出来。

目的：学生能否迁移分数的意义来理解百分数。

题目2：你知道像110%这样的百分数表示什么意思？如果知道，请你试着写一写、画一画。

目的：学生对超过100%百分数的理解程度。

2. 调查结果

对于题目1：（1）14.7%的学生用具体数量举例说明：100个人中有60个人考试及格了，100个产品中有60个是合格的，等等；（2）41.2%左右的学生用画图的方法表示，如百格图、扇形图、线段图等；（3）33.3%的学生参照分数意义理解：把单位"1"平均分成100份，表示其中的60份，也就是$\frac{60}{100}$（$\frac{3}{5}$）；会打羽毛球的学生占全班人数的$\frac{60}{100}$；（4）11.8%的学生写的是$\frac{60}{100}=\frac{6}{10}=\frac{3}{5}$，$\frac{60}{100}$=0.6；结合访谈追问后发现，近90%的学生能借助分数的意义来理解百分数，但这些描述均体现的是部分与整体关系。

对于题目2：

能准确表示意思	从数的角度理解	从整体部分角度理解	不会
23.5%	29.4%	23.3%	23.8%

由此看来，对于大于100%的百分数所表示的含义应是教学中要突破的难点，当学生理解了这类百分数的具体含义后，才能真正实现对百分数意义的理解，即百分数表示的是两个数量之间的倍比关系，而不只是部分与整体之间的关系。

三、教学目标与重难点

（一）教学目标

1. 感受百分数在实际生活中的广泛应用，能正确读、写百分数。
2. 借助几何图形直观理解和掌握百分数的意义，体会百分数与分数、除法之间的区别。
3. 能根据问题情境选择正确的百分数，发展数感和应用意识。

（二）教学重难点

教学重点：理解和掌握百分数的意义。

教学难点：正确理解百分数和分数的区别。

四、教学思路

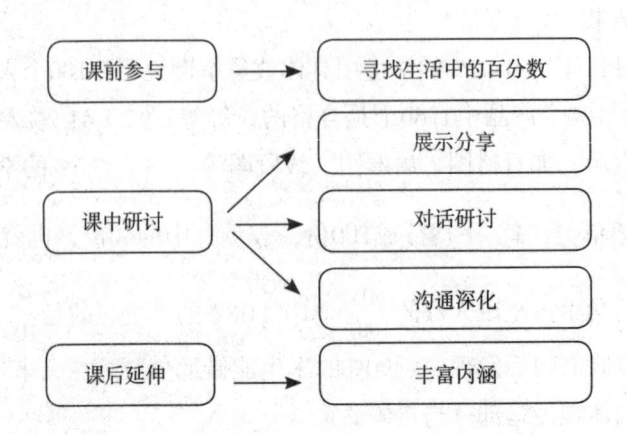

```
课前参与  →  寻找生活中的百分数

              展示分享
            ↗
课中研讨  →  对话研讨
            ↘
              沟通深化

课后延伸  →  丰富内涵
```

五、教学过程

（一）导入

师：同学们，今天我们一起来学习百分数，课前大家搜集了一些生活中的百分数，能举个例子说说吗？

学生举例。

【设计意图：学生在课前收集用百分数表示的信息，既丰盈了学生的感性经验，也为课堂教学提供了丰富的素材。】

（二）自主探究

1. 对话研讨。

（1）出示信息：六年级学生中体育达标人数占80%。

师：这里的80%表示什么意思呢？

预设：

生：这里的80%表示把六年级学生看作100份，体育达标的学生占了80份。

生：这里的80%表示六年级体育达标人数占六年级学生总数的，不达标的学生占总数的20%。

师：它表示的是体育达标人数和六年级学生总数之间的关系，也就是体育达标率是80%，我们可不可以换个方式说明80%的意思呢？

学生尝试画图表示。

预设：

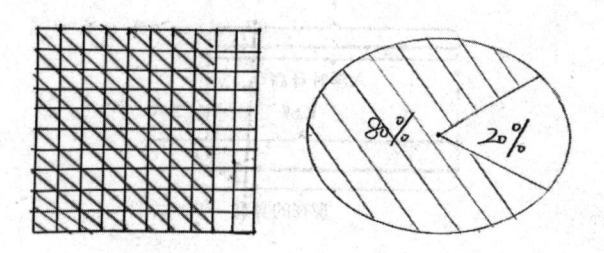

数，就这样认识

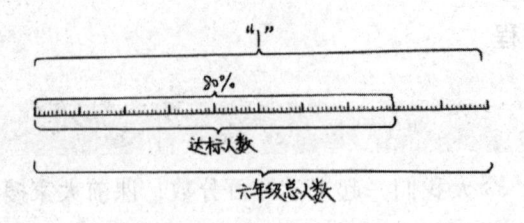

集体交流。

师：我们班有多少人？如果按照达标率80%来算的话，有多少人体育达标？如果有100个人，有多少人体育达标？有200人呢？

师：你发现了什么？

预设：

生：百分数不表示具体的人数，而表示的体育达标人数与总人数之间的关系。

（2）出示信息：中国健康教育中心调查显示，目前我国居民正确洗手率仅为4%。

师：这里的4%表示什么意思？

学生交流4%表示的具体含义。

师：正确率最高可以是多少？它表示什么意思？可以超过100%吗？

学生交流。

（3）出示信息：奇思入学时的身高是1.2米，现在身高是1.5米，现在身高是入学时的125%。

师：这里的125%表示什么意思？

学生先独立思考，再讨论交流；引导学生结合自己的身高，或者尝试画图思考。

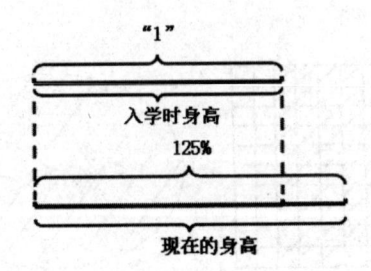

预设：

生：这里125%表示现在身高是入学时身高的$\frac{125}{100}$，它超过了100%，因为入学时的身高要矮一些，现在比入学时高了一些，超过了"1"。

师：谁和谁在比较？谁是单位"1"？

生：现在身高和入学时身高在比较，入学时身高是单位"1"。

【设计意图：数形结合，对比辨析，理解具体情境中百分数的意义，一是表示部分与整体关系的百分数的意义；二是表示两个独立数量关系的百分数的意义。】

2. 总结提炼。

师：通过刚才对百分数的学习，你对百分数有了哪些新的认识呢？

学生讨论交流。

预设：

生：它们都表示一个数是另一个数的百分之几。

生：它们都表示两个数之间的关系。

师：像这样表示一个数占另一个数百分之几的数，数学上就叫作"百分数"（或百分比）。（分母是100的分数一般都写成百分数的形式。）

（板书：$\frac{一个数}{另一个数}$ 百分之几 关系）

3. 百分数的读写

师：这些百分数你们都会读了，会写吗？怎么写呢？

示范"%"的写法，学生自己写几个百分数。

（三）巩固沟通

1. 请你选择合适的数填到下面的括号里，并说明理由，有问题的话可以相互交流。

出示：90%　　80%　　10%　　15%　　56%　　$\frac{4}{5}$

（1）北京二锅头的酒精含量约是（　　）。

（2）据科学家研究统计，我们人类的大脑潜能只被开发利用了不足（　　），还有近（　　）处于休眠状态。

（3）今年阳澄湖大闸蟹减少约三成，价格或上涨（　　）左右。

（4）一根彩带长（　　）米，李老师用去它的（　　）来捆扎图书。

学生先独立思考，尝试着进行填写；然后小组交流，阐述选择的理由。

预设：

生：我们认为北京二锅头的酒精含量是56%。

师：这里能不能填80%或90%？为什么？

生：据科学家研究统计，我们人类的大脑潜能只被开发利用了不足10%，还有近90%处于休眠状态。

生：今年阳澄湖大闸蟹的产量减少约三成，价格或上涨15%左右，因为它产量减少了三成，也就是30%，价格上涨不可能超过50%，再结合前面的选项，排除一下，所以选15%。

师："成"和"折"的区别是："成"多用于描述收成（产量）的增减变化，比如农作物的收成变化；"折"多用于商场活动、衣服、商品打折销售。同一件衣服，在两个商场分别打九折和八折，你会选择去哪个商场？

生：一根彩带长$\frac{4}{5}$米，李老师用去它的80%来捆扎图书。

师：$\frac{4}{5}$和80%大小一样，两个答案可以调换过来吗？

生：不可以调换，第一个空填的是这根绳子有多长，是一个数量，80%表示的是关系。

师：我们这节课认识的这些百分数没有一个是带单位的，我们在收集资料时也没有发现带单位的百分数。百分数表示的是一个数是另一个数的百分之几，不是实际的数量，不能带单位。

师：回想一下分数呢？

生：分数可以带单位，它既可以表示关系，也可以表示具体的数量。

【设计意图：根据情境选择合适的数，发展学生的数感；同时在对比分析中，体会百分数与分数的区别。】

2. 关于睡眠时间的调查。

	7小时以下	7—8小时（不含8）	8—9小时（不含9）	9—10小时（不含10）	10小时以上
人数所占比重（用分数表示）	$\frac{1}{25}$	$\frac{1}{20}$	$\frac{11}{50}$	$\frac{39}{100}$	$\frac{3}{10}$
人数所占比重（用百分数表示）	4%	5%	22%	39%	30%

师：我可以用分数来表示调查的结果，还可以用（百分数）来表示。你更愿意看到什么样的结果？

学生交流。

预设：

生：我发现用百分数的话，一下子就能看出谁多谁少，非常的直观。

师：所以在调查统计时使用百分数比较多，在后面的学习中，会经常用到。

（四）课堂小结

通过今天的学习，你有什么新的收获？

六、教学反思

1. 关注学情，以学定教

课前，通过学情分析，我们了解了学生已有的认知经验和生活经验，在此基础上明确教学重点、难点，设计恰当的教学活动，这样的教学才是有价值的。本节课，我们在整体分析学科内容后，编制学生调查问卷，细致分析调查结果，了解了学生对百分数的认识水平，有针对性地选择素材，设计教学活动。同时在教学过程中注意将新知与旧知相联系，引导学生把百分数置于整个认知系统中去理解，进而使其内涵饱满、外延清晰。课堂教学是一个动态的过程，不是课前预设的复制，学生学习过程中随着感知和理解的变化，会随时出现各种情况。这就需要我们教师在遇到预设之外的新问题时能及时调整教学策略，自然而贴切地加以引导。所有这些，都使学生对百分数的意义的理解不断走向深刻，有利于他们积累数学活动经验，发展数学思考能力。一堂课的结尾不应是某一知识学习的结束。教学中，我们不仅要关注学生掌握了哪些知识，还有哪些疑问，获得了哪些数学发展，还应该关注知识的延伸与发展。这样，才能将学生的学习导向深入，实现深度学习。

2. 问题引路，任务驱动

概念教学，教师往往容易局限于文本，咬文嚼字地去解读教材中为概念所下的定义，甚至把它作为教学的重点。为了改变这一状况，本节课尝试以"任务驱动"的方式教授概念。"80%表示什么意思？你能用一幅图表示出来吗？""下面的分数，能改用百分数来表示吗？""百分数能解决的似乎分数都能解决，那还要百分数干什么？百分数有什么好处？""如果要求写10个，想一想，你完成的个数是要求个数的百分之几？""中奖率为99%，为什么老师还是没有中奖？"随着这几个问题的展开，很自然地让学生在问题的引领下逐步深入地理解了概念的本质含义。

3. 选择素材，突出本质

如何用简单的材料上出富有思考的课？所选的材料与目标要有针对性，并在教学过程中充分挖掘每个材料深藏的价值及它们之间的关联，从而真正把握教学内容的数学实质。从学生收集到的生活事例引入百分数，让学生通过个性化的理解来表达，这既符合学生认知的特点，又能很快抓住百分数与分数在意义上的衔接与融合。在课前收集用百分数表示的信息，既丰盈了学生的感性经验，也为课堂教学提供了丰富的素材。新课伊始，组织学生交流收集到的百分数，并通过师生对话加以补充和修正，这一过程，既是学生积累感性认识的过程，也是他们体会百分数在生活中广泛应用的过程。在此基础上，概括百分数的意义，显得水到渠成。

《比的认识》教学设计

北京教育科学研究院通州区第一实验小学　林蕊馨

一、指导思想与理论依据

《义务教育数学课程标准》（2011年版）中指出：课程内容的选择要贴近学生的实际，有利于学生体验与理解、思考与探索，课程内容的组织要重视过程，处理好过程与结果的关系，要重视直观，处理好直观与抽象的关系，要重视直观经验，处理好直观经验与间接经验的关系，课程内容的呈现应注意层次性和多样性。

数学教学活动，特别是课堂教学应激发学生兴趣，调动学生的积极性，引发学生的数学思考，鼓励学生创造性思维的培养。

二、教学背景分析

（一）教学内容分析

在字典上，比有很多种含义，从数学的角度来看，比即比较，而比较即关系。比较关系包含相差关系和倍比关系，倍比关系即我们今天要认识的这个比。

比的认识是在学生已经掌握了整数、小数、分数、百分数的有关知识，以及掌握了常见的数量关系、掌握了有关方程的代数初步知识，并且具备了运用这些知识解决实际问题的基础上进行教学的，在后续学习中，学生还要继续学习比的基本性质、按比分配、比例的意义、比例尺、正反比例的意义以及，用比例解决日常生活中一些实际问题，尤其为初中学习正反比例函数、图形的相似等相关知识积累可持续发展的能力。

比是两个量相比较的一种关系，从这个角度说，它跟除法、分数有着密切的关系。教材中对比是这样定义的：两个数相除又叫作这两个数的比。教材编排是通过我国"神舟五号""神舟六号"载人飞船有关数据的统计表，从学生比较熟悉的同类量之间的倍数比较关系入手，直接揭示出这样的倍数比较关系，还有一种表示形式——引出比，旨在揭示不同类量的比。整个编排体现着比与除法的密切联系，使人感受到比就是除法，除法就是比。

既然两个数相除就可以写成比，那有除法就行了，为什么还要学习比呢？比一定有除法所不能承载的价值。比的意义是什么？它的价值又是什么呢？生活中我们经常见到这样的现象：按1：3配置蜂蜜水，众所周知，即放一份蜂蜜，就要放这样的3份水。1：3是蜂蜜和水倍比关系的直接描述，这时，我们并不关注比值是多少，我们只知道它们二者之间的关系是1份对应3份的关系。而除法、分数更多强调的是两个量之间的一种运算关系，自然就会关注运算的结果。另外，生活中我们还经常见到这样的比：配制一种混凝土，水泥、沙子、石子的质量比是2：3：5，从这个比中，我们能够直观地、清晰地感受到三个量之间的倍比关系，而这是分数、除法不容易做到的。

从教材内容中我们可以看出，比包括同类量的比和不同类量的比。在很多比的认识的课堂上，我们发现同类量的比的教学和不同类量的比的教学是毫无关系的两个环节，学生往往一头雾水，为什么这两种情况都可以用比表示，它们之间有什么关系呢？学生对此不理解，但也只能生硬地接受。张奠宙先生认为同类量的比是源，是比的本质意义，不同类量的比是流，是由同类量的比衍生出来的，这两种情况是否存在相通性，如何将二者沟通起来呢？他指出"辞海"中对比的解释是：如果以b为单位去度量a，成为a比b，如果从这个角度上看，不管是同类量的比还是不同类量的比，都可以看成是以b作为一个标准去量a，这时a与b的关系实际上就是一种对应关系，在这一点上同类量、不同类量是相通的。如按照1∶3配置蜂蜜水，有一勺蜂蜜，那么水有这样的3勺。它们二者之间是1勺蜂蜜对应3勺水的倍比关系。又如沏奶粉，1勺奶粉加60毫升水，即用1勺奶粉去量60毫升水，它们之间的对应关系是1勺奶粉对应60毫升水的关系。由于作为标准的量与要量的量的单位不同，因此这种对应关系不再是倍比关系，而是产生了一种新的量——每勺60毫升，但是奶粉与水之间依然是一种对应关系，在这一点上不同类量的比与同类量的比是相通的。在同一情境中，这种对应关系是不变的，它就相当于是一把尺子，可以量出蜂蜜水的浓度、奶的浓度、单价的贵与便宜等。

（二）学情分析

为了充分了解学生的认知基础，我对六年级一个班的37名学生进行了课前调研，调研题目是：

1. 用数学的眼光看"比"，你知道比可以表示什么意思吗？

2. 根据你对"比"的含义的解读，用数学的眼光观察，你能举出一个生活中表示这种意义的例子吗，并解释这个例子的意思吗？

调研结果：第一题有67.6%的学生认为比表示比较的意思，可以比多少，能够列举出甲店比乙店便宜，苹果比香蕉贵、小红比小丽高等具有相差关系的例子。24.3%的学生认为比就是比例，它们能够列举出金龙鱼调和油1∶1∶1，某种食品的配料是2∶3等具有倍比关系的实例。由于日常生活中经常听到比例，所以学生心目中的比是等同于比例的，但学生并不能清晰地解释他们心目中的比例的意义。即2∶3的真正含义。21.6%的学生认为比表示百分比，如今年比去年产量增加10%等，虽然无论从名词本身还是从承载意义的关键句中都有"比"字，但是一些学生并不能将它与倍比关系的比建立联系。27.0%的学生认为比是一个重点字，利用它可以确定单位"1"，但学生并不能由此联想到利用标准量度量另一个量的比的本质含义。21.6%的学生认为比赛中的比分就是比，如北京队和天津队的比分是5∶3等，由于比分与比的外显形式具有一致性，学生很容易将二者等同起来。

从调研结果可以看出，多数学生认为"比"具有比较的含义，但对比较的认识是宽泛的，那么如何帮助学生梳理"比"的意义，理解倍比关系的比的本质含义，体会比的真正价值，建立真正的"比"的概念，是设计本课时要思考的问题。

三、教学目标与重难点

（一）教学目标

1. 在具体情境中理解比的意义，知道比的各部分名称及读写法。
2. 在活动中感受比与除法、分数、倍数的关系，沟通同类量的比与不同类量的比的关系，理解比的根本内涵。培养学生分析、综合、抽象、概括的能力。
3. 在解决实际问题的过程中，体会数学与生活的联系，感受比在生活中的广泛存在，体验数学学习的乐趣。

（二）教学重难点

教学重点：

（1）在具体情境中理解比的意义，知道比的各部分名称及读写法。

（2）在活动中感受比与除法、分数、倍数的关系，沟通同类量的比和不同类量的比的关系，理解比的根本内涵。培养学生分析、综合、抽象、概括能力。

教学难点：在活动中感受比与除法、分数、倍数的关系，沟通同类量的比和不同类量的比的关系，理解比的根本内涵。

四、教学思路

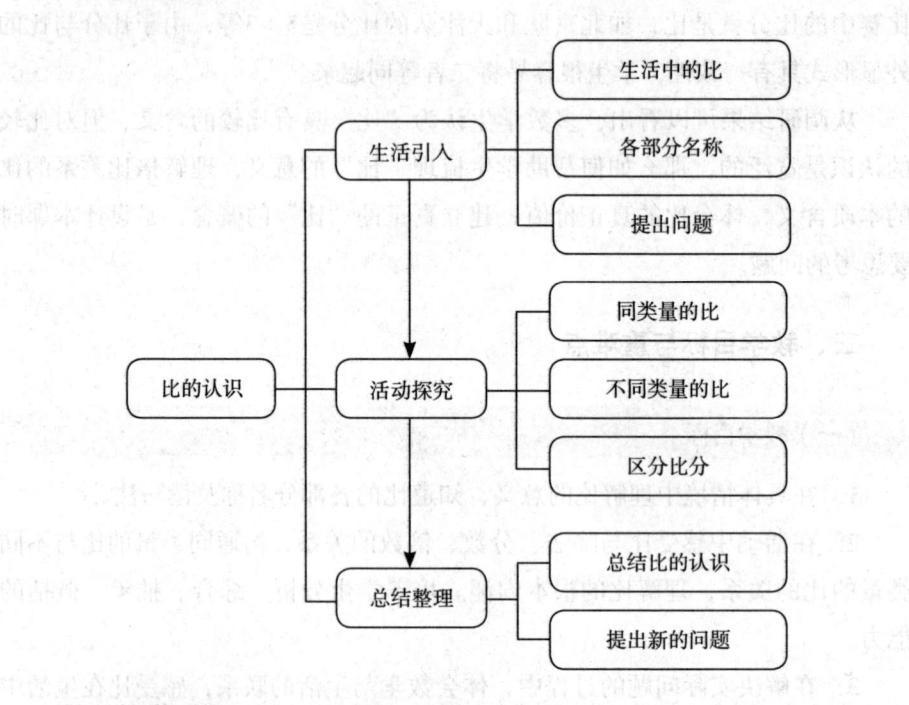

```
                    ┌── 生活中的比
            生活引入 ├── 各部分名称
              │     └── 提出问题
              ↓
              │     ┌── 同类量的比
  比的认识 ── 活动探究├── 不同类量的比
              │     └── 区分比分
              ↓
              │     ┌── 总结比的认识
            总结整理 └── 提出新的问题
```

五、教学过程

（一）生活引入

1. 新华字典中，"比"有很多种意思，用数学的眼光观察，比可以表示什么意思？

预设：

（1）比大小、比高矮、比长短。

（2）金龙鱼1∶1∶1、水和面的比1∶2、做菜食材的比2∶3

师结：像这样比谁高谁矮、谁大谁小、谁长谁短，这样的比都是在比两个量相差多少，是一种相差关系的比。（板书：相差关系）

2. 像2∶3这样的比你认识吗？

（1）读一读。

（2）各部分名称。

    2   ∶   3

  前项 比号 后项

(3)对这样的比你有什么好奇的吗？想研究点什么呢？

【设计意图：由生活中的比引入，让学生初步感受比的两种意义关系：相差关系和倍比关系，进一步认识比的各部分名称，会读、写比。问题引领，培养学生提出问题的能力与意识，聚焦本节课要研究的问题。】

（二）活动探究

1．认识同类量的比。

出示生活实例：稀释洗涤灵的瓶子，初步认识比。

有些洗涤灵原液是超浓缩的，使用时需要加水稀释后使用，在这个稀释洗涤灵的瓶子上面看到比了吗？找出来读一读。（1∶4、1∶5）

（1）1∶4，这个比表示什么意思呢？

预设：A.原液1份、水4份；

B.原液是水的$\frac{1}{4}$；

C.水是原液的4倍。

（2）师板书：原液有这样的1份，水有这样的4份。（板书原液、水）

按照1∶4稀释洗涤灵，原液可以放多少？水又可以放多少呢？

生交流： 原液　　　　：　　　　水

　　　　 1毫升　　　　　　　　4毫升

　　　　 2毫升　　　　　　　　8毫升

　　　　 5毫升　　　　　　　 20毫升

　　　　 ……　　　　　　　　 ……

（3）思考：这样稀释的洗涤灵浓度都一样吗？（一样）这些数据都不相同，为什么浓度都一样呢？

预设：A.每组中都是1∶4；

　　　 B.每组中原液都是水的$\frac{1}{4}$；

　　　 C.原液变了，水也变了。（师引导：具体说说是怎么变的）

（4）师结：这些数据虽然不同，但是每组中原液与水的关系都是1份对应4份的关系，如果原液是2毫升，就对应着有4个2毫升的水，如果原液有3毫升，就对应着有4个3毫升的水……，1∶4就相当于是一把尺子，按照这把尺

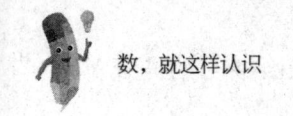

子稀释的洗涤液的浓度都是一样的。

（5）如果按照1∶5稀释洗涤灵，原液和水又可以怎样放呢？（生举例）

（6）按照1∶5稀释的洗涤灵和按照1∶4稀释的洗涤灵的浓度一样吗？（不一样）

A.为什么浓度不一样了？

B.按照哪个比稀释得更浓？为什么？

（7）师结：看来尺子不同，稀释的浓度也就不同。

（8）现在你对比有点感觉了吗？现在你心中的比是什么样啊？

【设计意图：通过稀释洗涤灵的生活实例及几何直观表现，认识同类量的比，使学生感受比的份数对应关系，感受比相当于一把尺子，用它可以度量洗涤灵的浓度。在探究过程中体会比与倍数、除法、分数的关系。】

2. 认识不同类量的比。

（1）学生举生活中的实例，拓宽对比的认识。

（2）课件出示生活中的实例，能用今天学习的比表示吗？为什么？

A.沏奶：每60毫升水加两勺奶粉。

B.洗衣服：每8件衣服加一勺洗衣粉。

（3）观察这两个比与前面的稀释洗涤灵的两个比，有什么不同点吗？有相同点吗？

预设：

不同点：单位不同，前项与后项单位相同的，叫作同类量的比；前项与后项单位不同的，叫作不同类量的比。

相同点：不管是同类量的比还是不同类量的比，都是这两个量的一种不变的对应关系。

（4）出示：妈妈花了18元钱买了3千克青苹果，又花了25元钱买了5千克红富士苹果。

A.这个例子能用今天学习的比表示吗？为什么？

B.这两种苹果哪个便宜？你怎么知道的？

18元/3千克=6元/千克

25元/5千克=5元/千克

结：不同类量的比会产生一个新的量——单价，通过单价可以比出谁贵谁便宜。

【设计意图：由同类量的比拓展到不同类量的比，在沟通它们之间的相同点与不同点的过程中，体会比的本质内涵，即不变的对应关系。知道同类量的比是一种倍比关系，不同类量的比产生一个新的量。在解决实际问题的过程中，体会数学与生活的联系，感受比在生活中的广泛存在，体验数学学习的乐趣。】

3. 区分比赛中的比分，深化对"比"的认识

（1）你认为生活中比赛的比分是我们今天学习的"比"吗？说说你的理由。

（2）结：比分是比赛分数的记录，由分数可以看出谁的分数高，谁的分数低，这是一种相差关系的"比"。

【设计意图：根据对比的认识与理解分析比分问题，体会比分是一种分数的真实记录，并没有不变的对应关系，进一步梳理比的两种意义关系，深化对的认识。】

（三）总结整理，提升认识

1. 通过今天的学习，相信你对"比"一定有了新的认识，带着新的认识从新审视"比"，说说现在你心中的"比"什么样啊？

生交流，整理：（1）"比"包括相差关系的"比"和对应关系的"比"。（2）"比"与除法、倍数、分数有关系。

2. 对"比"你还有哪些好奇的吗？你还想研究点什么？

【设计意图：反思、整理、总结对比的认识与理解，梳理关系，沟通知识之间的联系，提升对比的认识与理解。培养学生的分析、综合、抽象、概括能力。并引领学生进一步思考，提出想研究的问题，延伸思考的空间。】

六、教学效果评价

（一）评价方式

1. 知识与技能评价：（问卷）

（1）小红分别在两张纸上各画了一个长方形，第一个长方形长10厘米，宽6厘米；第二个长方形长15厘米，宽9厘米，这两个长方形的形状一样吗？说出你的想法。

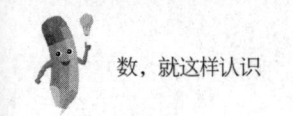

（2）妈妈用奶粉给弟弟沏奶，第一次放了3勺奶粉，90毫升水；第二次放了5勺奶粉，150毫升水，两次沏的奶粉浓度一样吗？说出你的想法。

2. 过程与方法评价：学生是否能够积极参与教学全过程，课上认真思考，积极举手，是否能够独立思考并主动参与讨论，有理有据地阐述自己的观点，并清晰地表达，是否在活动中形成对"比"的意义的认识与理解。

3. 情感态度价值观的评价：通过课上观察，从学生的学习态度、学习习惯、学习的积极性等方面进行考查。

（二）评价量规

1. 知识掌握情况评价：

（1）能独立完成并思路清晰的利用学到的知识阐述自己的想法。（优）

（2）能独立完成并达到90%以上的正确率。（良）

（3）能独立完成并达到60%以上正确率。（及格）

2. 学习过程：

（1）学生能够积极参与教学全过程，课上认真思考，积极举手，能够独立观察、并主动参与讨论，有理有据的阐述自己的观点，并清晰地表达，在活动中形成了对小数的意义的认识与理解。（优）

（2）能够参与教学全过程，课堂上独立思考，在活动中形成对小数意义的认识与理解。（良）

（3）能够参与教学全过程，在活动中形成对小数意义的基本认识与理解。（及格）

3. 情感态度与价值观：

（1）课上表现活跃，积极性高，愉快地完成学习任务。（优）

（2）能够愉快地完成学习任务。（良）

（3）经过努力形成基本的成功体验。（及格）

七、教学反思

比是两个量相比较的一种关系，从这个角度说，它跟除法、分数有着密切的关系。既然两个数相除就可以写成比，那有除法就行了，为什么还要学习比呢，比一定有除法所不能承载的价值。如何突出比的价值，帮助学生理解比的意义。本课教学中，我从生活中的大量实例入手，设计了多个教学活动，使学生对"比"的认识逐步深入，最终真正理解了比的意义，感受到了比的价值。

1. 联系生活，感受比的价值

现实世界是数学的源泉，能帮助学生学会用数学的眼光观察生活，用数学的思维分析世界，用数学的语言表达世界，从而真正体会学习数学的价值是数学教学的根本任务。比在生活中具有广泛的应用，教学中，我引用了大量生活中的实例，并引导学生寻找生活中的实例，既激活了学生的已有认知经验，帮助其更好地理解比的意义，也使他们感受到数学就在自己身边，感受到数学的价值。

2. 借助几何直观，理解比的意义

几何直观可以把复杂的数学问题变得简明、形象，有助于学生直观地理解数学。本课教学时，在稀释洗涤液的活动中，我提出按照1∶4稀释洗涤液可以怎样稀释的问题，学生根据自己对比的意义的初步理解说出各种不同数据，此时我利用几何模型使学生直观感受到虽然原液和水的数据在变化，但是每组中原液和水的份数对应关系却始终没有变，都是1∶4的关系，从而使学生感受到比相当于一把尺子，按照同一把尺子稀释的洗涤液的浓度是一样的，加深了学生对比的意义的理解。

3. 观察对比，沟通联系，聚焦本质

比包括同类量的比和不同类量的比。这两种情况是否存在相通性，如何将二者沟通起来呢？本课教学中，我从同类量的比引入，使学生感受到比的份数对应关系的本质含义，这是一种倍比关系的比，接着引出生活中常见的像一勺奶粉对应60毫升水的不同类量的比，并引领学生观察对比同类量的比与不同类量的比，在发现区别的同时，也找寻相同点，使学生发现不管是同类量的比还是不同类量的比，前项和后项都是一种不变的对应关系，这样就沟通起同类量的比和不同类量的比的关系，聚焦本质，使学生深刻理解比的意义。

4. 僵硬地不理解生动地理解，让学习真正理解

学生对于知识的认识与理解，不应该是概念背得多么的熟练，而应该是一种内化于心的理解，能够灵活运用知识解释生活中的现象，解决实际问题。本课教学中，从始至终没有让学生归纳总结概念，而是设计了多个活动帮助

学生体验感受比的意义，在过程中使学生逐步深化对比的认识与理解，当学生自然地将比分这个很容易与比混淆的例子从比的意义中去除的时候，我想学生对比的意义是真正做到内化于心了，僵硬地去理解不如生动地去理解，这是一种真正的学习。

《小数的初步认识》教学设计

北京市通州区潞苑小学　贾晓辉

一、教学背景分析

（一）教材情况分析

《小数的初步认识》是京教版三年级下册第七单元的内容，这部分内容是在学生已经认识了万以内的整数、初步认识了分数的基础上进行教学的，是学生第一次接触小数的概念，也是学生数概念的一次扩展。初步建立小数的概念，不仅可以拓宽学生观察生活现象、分析和解决现实问题的视野，而且可以帮助学生感受数学知识之间的内在联系，获得更广阔的数学活动经验，提升数学思维能力和品质。通过对不同版本教材的对比发现，对于小数的认识，多数教材的知识逻辑分为两个阶段，第一阶段主要是结合元角分和长度单位来初步认识小数；第二阶段则系统学习小数的意义。教材编者的意图是让学生对小数的认识有一个循序渐进的过程。

（二）学生情况分析

《义务教育数学课程标准》（2011年版）指出："数学教学活动必须建立在学生的认知发展水平和已有的知识经验基础之上"。基于这一理念，教学时首先要充分了解学生的认知发展水平和已有的知识经验，并且对其进行客观的分析。要做到这一点则需要在教学前对学生进行前测，了解学生的生活经验、知识储备、认知水平和思维状态，从而真实全面地了解学生的现实起点和最近发展区。

根据教学内容和学生实际情况，我在课前对学生进行了前测，题目如下：

1. 你认为0.1元是几角？
2. 请用画一画的方式表示你认为的0.1元。
3. 你认为0.3米是多长？

题号	答题人数	答对人数	百分比
1	46	44	95.65%
2	46	12	26.1%
3	46	21	45.7%

第二题有12名能用画图的方式直观的表示0.1元，理解0.1元是10角中的1角，多数学生画的是直观图，个别学生能用长方形、正方形来表示，只有一个学生画了线段图。从前测可以看出学生对以人民币为单位的小数比较熟悉，基本上都能正确理解0.1元的实际含义，但对以长度单位为单位的小数比较陌生，有不少学生认为是1厘米或者1毫米。可见学生对0.1元的经验储备比较丰富。

二、教学目标及重难点

（一）教学目标

1. 结合具体情境和物品的实际价格初步认识小数，会读写一位小数。
2. 理解以"元""米"为单位的小数的实际意义，初步感知十分之几可以用一位小数表示，渗透数形结合思想。
3. 感受小数在现实生活中的应用，体会数学与生活的联系。

（二）教学重难点

教学重点：会认、读、写一位小数，理解以"元""米"为单位小数的实际意义。

教学难点：渗透数形结合的思想方法，理解一位小数的意义。

三、教学过程

（一）生活实际引入，初步认识小数

师：看看黑板，今天我们要学习什么？

数，就这样认识

师：你在哪里见过小数？（学生举例说明）

师：贾老师也找到了一些生活中用到小数例子，我们看一看。

课件出示：10.99元，问：10代表什么？9表示什么？另一个9表示什么？235.48元，问：235表示什么？4、8分别表示什么？

师：这两个小数中间都有一个小圆点，知道它叫什么吗？（生：小数点）

师：（指着上面的小数问）小数点左边的数表示什么？小数点右边第一位数表示什么？第二位数表示什么？

课件出示：1.58米，1表示什么？5表示什么？8表示什么？（板书）

教师出示1.75升等其他小数，指导孩子练习读小数。

【设计意图：展示生活中的小数，学生通过自己听到的或者自己想出来的试着读小数，读错的教师进行纠正，从而帮助学生更好地记住小数的读法。】

（二）通过活动，理解小数

1. 利用米尺理解小数

师：（把制作好的米尺贴在黑板上）老师这有一根彩带，它的长度是0.7米，你能帮老师在米尺上找到0.7米在哪儿吗？（学生到前面来指一指，教师板书：0.7米）

师：为什么从这里到这里是0.7米？（生：数7个格就是0.7米）

师：米尺上有几个格？如果把1米平均分成10份，每份是多少？（生：1分米）数7个格就是7分米，你们的意思7分米就是0.7米。我们来看：（指着刚才的1.58米）小数点右边的第一位表示什么？（分米）7是小数点右边的第一位，所以7分米就是0.7米。

师：照这样说，5分米就是多少米？3分米呢？1分米呢？（师板书）

师：7分米除了用0.7米表示，还可以用什么表示？（生：$\frac{7}{10}$米）

师：为什么可以用$\frac{7}{10}$米表示？（生：因为把1米平均分成10份，其中的7份就是$\frac{7}{10}$米）

师：你的意思是把1米平均分成10份，1份是$\frac{1}{10}$米，那2份呢？5份呢？8份呢？

师：快看，就这1分米，根据生活经验它是0.1米，学习了分数它又是10分之1米，那0.1米和10分之1米什么关系？（生：相等，因为都是10份中的1份）

师：你们认为把1米平均分成10份，1份是1分米，也是10分之1米，还是0.1米，也就是1分米用米做单位时既可以写成十分之一米，也可以写成0.1米，十分之一米就等于0.1米。（板书）

师：照这么说：4分米用分数表示是（　）米，用小数表示是（　）米，9分米用小数表示是（　）米，写成分数是（　）米。

【设计意图：通过找一找、想一想、猜一猜、说一说的学习活动，不仅使学生初步认识了小数的含义，还培养了学生观察、比较、发现和归纳的思维能力。】

2. 通过画图，理解小数

你借着这个经验，来看看我们的学习活动。（指名读一读）

活动内容：如果用这条线段表示1元，你能想办法表示出0.3元吗？

汇报、展示、评价。

生1：一共是10厘米，量3厘米就是0.3元。

师：在你心里，你把1元平均分成了几份？数了其中的几格？

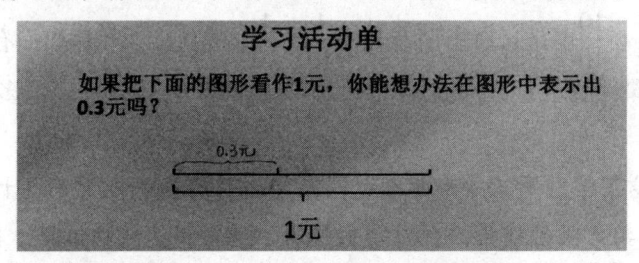

> **学习活动单**
> 如果把下面的图形看作1元，你能想办法在图形中表示出0.3元吗？
>
> ［0.3元 / 1元 示意图］

生2：我把1元平均分成了10小格，数3格就是0.3元。

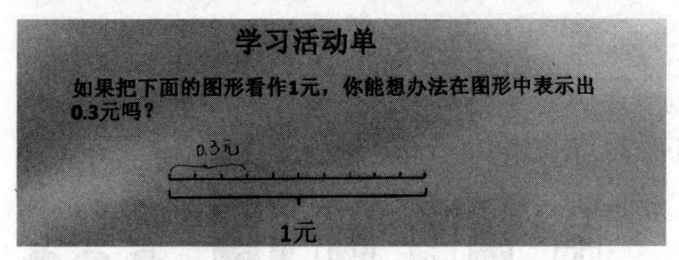

> **学习活动单**
> 如果把下面的图形看作1元，你能想办法在图形中表示出0.3元吗？
>
> ［0.3元 / 1元 示意图］

师追问：他们俩的作品有什么差别？你更欣赏哪个作品？

师：这两位同学在表示0.3元时都把1元平均分成了10份，取了其中的3份，

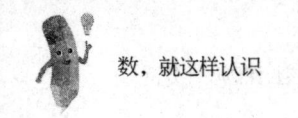

为什么表示0.3元要平均分成10份呢？

师：根据经验0.3元是3角，你们的意思是表示0.3元时，要把1元平均分成10份，每份是1角，取3份就是3角（板书），3角要用元做单位可以写成0.3元，也可以写成$\frac{3}{10}$元，所以0.3元等于$\frac{3}{10}$元。

师：照这么说的话0.4元在哪儿？它也是几角？8角在哪儿？用分数表示是多少？用小数表示呢？

【设计意图：这个环节能"逼"着学生尽力调用已有的知识经验去解决，能充分暴露孩子心目中对"0.3元"最原生态的理解，能有效激发学生创新性学习的潜能。同时，也便于老师诊断三年级学生对"小数"意义的理解已经到达哪个程度。】

3. 抽象图形，理解小数

师：请同学们看大屏幕，贾老师把一个正方形平均分成了10份，它的1份是多少？能说说理由吗？用小数表示呢？

师：0.1和$\frac{1}{10}$是什么关系？（板书）取其中的5份呢？（课件展示）

师：如果取10份呢？

师：$\frac{10}{10}$。$\frac{10}{10}$也是1，1里面有几个$\frac{1}{10}$？$\frac{1}{10}$也是0.1，所以1里面有几个0.1？

师：（课件展示正方形表示1.1、2.9）追问：它们分别表示多少？你是怎么想的？

【设计意图：利用正方形的素材，在学生讨论的基础上完成十分之几的分数和一位小数之间的建构，成为学生归纳、概括和推理的依据。在此基础上，让学生充分观察和表达，形成零点几就是十分之几的新认知。】

（三）实际应用，深化理解

练一练

1.用小数表示各组图中的涂色部分。

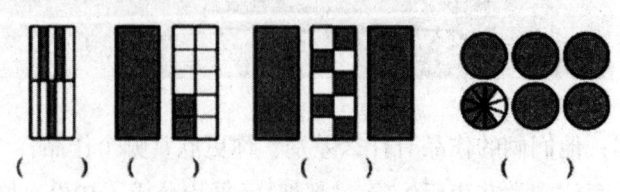

（   ）　（   ）　（   ）　（   ）

独立完成，说说你是怎么想的？

2.看图并填上合适的小数。

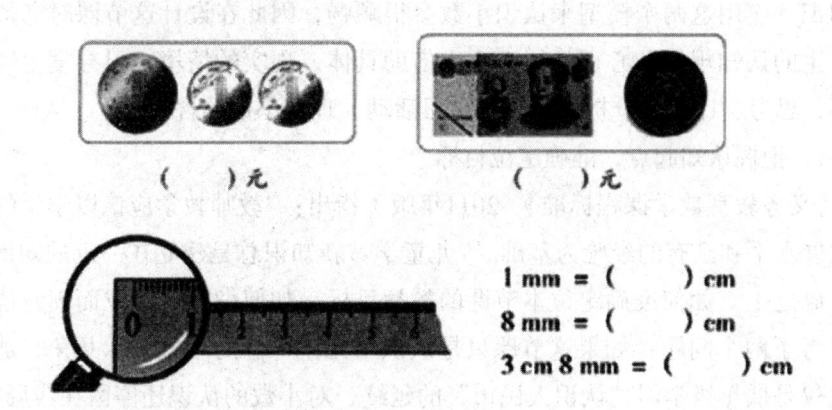

（　　）元　　　　　　　　（　　）元

1 mm =（　　）cm
8 mm =（　　）cm
3 cm 8 mm =（　　）cm

独立完成，订正，说说你是怎么想的？

追问：1.2元中的"1"表示什么？0.2是什么意思？在哪儿呢？

10.5元，10是什么意思？0.5是什么意思？

你能试着把它们写成小数吗？

5元4角=（　　）元　　3角=（　　）元

独立完成，说说是怎么想的。

【设计意图：再一次运用人民币来理解小数，汇报交流之后明白整数部分表示元，小数部分表示角，对新知进行扩展和对比。】

汇报完成尺子图，让学生试着把它们写成小数

1米7分米=（　　）米　　9毫米=（　　）厘米

【设计意图：运用长度单位中的小数表达，结合具体的单位理解整数部分、小数部分的含义，理解小数在实际生活情境中的含义。】

四、教学反思

关于小数的学习在小学教材中分两段进行，分别在三年级和四年级，三年级让学生结合具体生活情境，初步认识小数。四年级要求学生是从"量"抽象到"数"理解并掌握小数的概念，即小数的意义。本节课是第一段的教学内容，是在学生认识了整数十进制和初步认识分数的基础上教学的，主要

借助具体的量（元、角、分）和米尺几何直观图，感受小数与十进分数之间的关系，初步认识小数。学生在一年级时已经学习了人民币和长度单位的相关知识，应用这两个模型来认识小数会很顺畅，因此在设计这节课时老师遵循学生的认知规律和心理特征，注重借助具体、现实的情境，引导学生经历观察、思考、比较、分析、感悟等学习活动，理解小数的含义。

1. 把握认知起点，准确定位目标

《义务教育数学课程标准》（2011年版）指出："教师教学应该以学生的认知发展水平和已有的经验为基础。"儿童学习新知识总是建立在一定的知识经验基础之上。如何准确定位本节课的教学目标，如何做到"到位而不越位"，我思考了两个问题：如果这节课只是认识用元作单位的小数表示几角，那么这仅仅是低年级学习"认识人民币"的延续，对小数的认识还停留在浅层次，教学目标过低、不到位；如果这节课提前对小数的意义进行提炼和抽象概括，那么这是四年级学习小数的意义的要求，自然拔高了教学目标。为了避免教学目标过低或过高的情况，我注重把握学生的认知起点，准确定位教学目标，从教学设计到课堂教学的实施，充分利用学生的已有知识和生活经验，抓住小数与日常生活的密切联系，将学生的生活经验与数学经验结合起来，借助人民币或生活中的其他事例帮助学生认、读小数，借助长度单位帮助学生认识小数的含义，体会小数与分数的内在联系，使学生的数学学习建立在"最近发展区"，体现出整体把握教材、科学处理教材的意识。

2. 借助图形直观，拓展小数知识

从认识分数到认识小数是学生认数的又一次飞跃，学生开始认识小数往往感到比较抽象，较难理解。怎样引导学生认识小数呢？我遵循学生的认知规律，借助直观图形，从具体到抽象，引导学生感知、体验，采用"由扶到放"的教学方式让学生参与新知识的自主建构过程，体会小数与分数的内在联系。首先，我提出："谁能在尺子上找到0.7米？为什么标在这里？"引导学生在直尺上找一找，说一说，并结合黑板上的米尺直观图帮助学生理解：把1米平均分成10份，每份的长度是1分米，1分米用小数表示是0.1米；7份是7分米，7分米用小数表示是0.7米。接着，我又追问："7分米还可以怎么表示？"这是运用已有的知识经验，重点引导学生梳理思考过程：1分米是1

米的$\frac{1}{10}$，1分米也可以用$\frac{1}{10}$米来表示，7分米也可以用$\frac{7}{10}$米来表示。最后，老师引导学生猜测：$\frac{1}{10}$米与0.1米有什么关系？再次结合米尺直观图，帮助学生厘清$\frac{1}{10}$米和0.1米是相等关系，$\frac{1}{10}$米也可以写成0.1米，让学生感受、体验到"它们表示的长度相等，只是书写的形式不同"，沟通了新旧知识之间的联系。

为了让学生认识其他的一位小数，我继续提出："$\frac{3}{10}$米写成小数是多少？$\frac{9}{10}$米写成小数是多少？"让学生进一步感悟到十分之几可以用一位小数表示。在这个过程中，通过找一找、想一想、猜一猜、说一说的学习活动，学生初步认识了一位小数的含义，还培养了自身观察、比较、发现和归纳的思维能力。

《小数的初步认识》教学设计

北京市史家小学通州分校　张　娜

一、指导思想与理论依据

《义务教育数学课程标准》（2011年版）指出："从学生实际出发，创设有助于学生自主学习的问题情境，引导学生通过实践、思考、探索、交流等，获得数学的基础知识、基本技能、基本思想、基本活动经验。"数学思想与方法是贯穿小学数学课程和数学学习的主线，是数学课堂教学的灵魂，让学生感悟、体会和运用数学思想与方法是数学教学的重要任务之一。小数初步认识这部分知识看似简单却包含对于计数单位的认识、累加及数感的培养多方面内容，也为之后继续学习小数的意义、计算等打下基础。

正如《义务教育数学课程标准》（2011年版）中所说的："课程内容要反映社会的需要、数学的特点，要符合学生的认知规律。它不仅包括数学的结果，也包括数学结果的形成过程和蕴含的数学思想方法。课程内容的选择要贴近学生的实际，有利于学生体验与理解、思考与探索。"

数，就这样认识

小数在生活中应用广泛，学生具有一定的经验和迁移能力，结合数学学科核心素养提到的要注重培养学生的数感，良好的数感有助于理解现实生活中数的意义。基于以上内容本课设计时注重了从学生已有认知出发，培养学生的迁移能力，注重数感的培养，努力创造一个有利于发展学生空间观念的课堂氛围。

二、教学背景分析

（一）教学内容分析

《小数的初步认识》是京教版教材三年级下册的内容，本节课是在学生认识了整数和初步认识分数的基础上进行教学的，主要是让学生借助具体的量和几何直观感受小数与分数之间的关系，便于学生在已有知识和经验的基础上通过迁移类推获得新知，形成较完整的认知结构，建立分数与小数的知识联系。

京教版教材关于《小数的初步认识》这部分内容的讲解都基于学生已有的生活经验。这部分内容虽然是学生第一次接触，但是由于小数在生活中广泛应用，在学生的生活中却已经不止一次接触过小数，大多数的孩子对于小数并不陌生。可以说学生对它的表示形式很熟悉，陌生的是它的含义。因此，这节课的教学重点，就是让学生知道以元为单位、以米为单位的小数的实际含义。学好这部分知识，将为后面学习分数的基本性质、分数和小数互化相转及小数的计算打下基础。

（二）学生情况分析

《小数的初步认识》是小数教学的第一阶段，属于感性认识阶段。这是学生第一次接触小数，但在日常生活中学生都已经见过小数，部分学生会认、读、写简单的小数，对小数的含义学生理解起来还有一定难度，教学时往往借助现实背景和具体的量去认识。课前我对学生进行了前测，前测内容如下：

1. 我们经常去超市，超市的牛奶6.5元一盒，数学上把6.5叫作（　　）。
   A. 自然数　　　　　B. 小数　　　　　C. 分数

2. 把一米长的绳子平均分成10份，每一份长度是0.1米，3份的长度是

（　）米，有（　）个0.1米。

3. 0.1元是（　）角，0.3米是（　　）。

4. 哪个图中的涂色部分可以用0.4表示?（　）

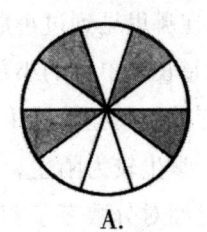

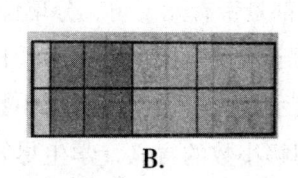

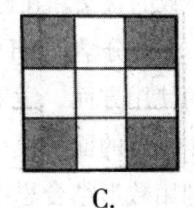

A.　　　　　　B.　　　　　　C.

用你喜欢的方式表示一下0.4。

5. 请你举例说一说生活中还在哪里见到过小数。

对三年级（3）班45名同学进行前测，前测情况如下：

维度	调研维度人数		正确		错误	
		人数	百分比	人数	百分比
维度一	识别生活中的小数	对小数的判断（第1题）	39	86.7%	6	13.3%
		自己调动生活经验写小数（第五题）	以访谈形式进行			
维度二	对小数现实意义的认识	长度模型（第二题、第三题第二个空）	28，40	62.2%，88.9%	17，5	37.8%，11.1%
		人民币模型（第三题第一个空）	38	84.4%	7	15.6%
		面积模型	22	48.9%	23	51.1%
维度三	对小数计数意义的理解	对小数计数单位的理解（第二题）	28	62.2%	7人对第一个空；5人对第二个空；7人没选或不对	15.6%；11.1%；15.6%

通过对学生前测的分析，发现86.7%的同学认识小数，知道小数的书写形式，62.2%的学生知道一位小数的表示方法，由此可见，学生对于小数有一定的生活经验，部分学生只是从外在的形式上进行判断。对于第一小题，不仅停留在判断上，找几个学生访谈怎么判断6.5元是小数，了解学生是从外形上判断还是从数出现的情境判断。带点的都是小数吗？还为学生提供海报，比如能否辨认"活动时间12.22—12.26"是不是小数？如果不能区分，在教学中要加深对小数点的作用的认识。第4小题，从学生表示的0.4来看，可以挖掘出学生目前对小数的不同理解层次。比如学生知道0.4是有4个东西（如小三角

形），但没想到这个东西和整体有关系；大部分学生知道0.4是整体的一部分，但具体的数量关系不清楚；一些学生知道把整体分成10份，取4份；仅一部分学生会关注到0.4是把一个整体平均分10份，取4份。可见本节课有必要结合分数，理解小数的含义。在进行"请你举例说出，生活中还在哪里见到过小数"的访谈中，大部分学生的回答都是带有元、角、分单位或是长度单位的小数。对于模型的使用方面，学生对于人民币模型最熟悉，长度单位模型也能主动建构，对于小数的面积模型表示及自己动手表示出小数，学生较为陌生，不能很好地利用数形结合思维理解小数的含义，学生尽管已经对分数有了初步认识，但还不能主动地在小数与分数之间建立起联系。从学生对各模型的熟悉程度也能思考教学中对模型的选择、安排和不同模型之间的勾连。本节课让学生学会表达小数的含义是要突破的难点。

我的思考：

1. 基于学生的基本情况，本节课从生活中发现小数，对学生知道的小数的名称，一位小数的读法，本节课不做过度的讲解，对于小数的组成及各部分名称，同样采取最简单的直接告知的方法。而把教学重点放在理解小数的十进制、精确度等知识上，同时还在课堂上关注学生的动手操作，建立起一位小数与十进分数的关系。

2. 人民币模型是学生具有经验的小数模型，比长度模型更容易让学生提起兴趣，同时拥有一定的生活价值。因此，本课以人民币模型作为突破口，帮助学生建立小数的基本模型。

3. 小数的计数单位渗透，表达了"数是数出来的"，同时凸显了小数的十进制。因此本节课采取依托学生已知的长度模型进行教学，帮助学生在基于进率的基础上理解小数的组成。

三、教学目标

1. 以人民币"元、角、分"为模型通过观察、比较、分析和归纳，初步了解小数的含义。会读、会写简单的小数，知道小数各部分的名称。

2. 借助"人民币"模型，认识0.1元与1角和十分之一元之间的关系，直观感受小数与十进制分数之间的联系，渗透数形结合的方法，体会计数单位的累加，增强数感。

3. 通过各种具体的生活情境的创设，学生进一步认识数的发展，感受数与现实生活的联系。

四、教学重点与难点

教学重点：
（1）会认、读、写一位小数，在具体情境中感受小数的含义。
（2）借助"人民币"模型，认识0.1元与1角与十分之一元之间的关系，直观感受小数与十进制分数之间的联系。

教学难点：知道以元为单位、以米为单位的小数的实际含义。

五、教学过程

（一）结合情境，初识小数

1. 激趣导入，引出小数。

学生利用手中的超市宣传单，寻找上面的数，尝试读一读并按照整数和小数进行分类。

2. 认读小数。

学生尝试读一读小数，然后仔细观察这些小数和我们原来学过的整数有什么不同。

引导学生说出小数都有一个"小圆点"，并揭示课题"小数的初步认识"。介绍小数的组成和各部分的名称，通过读小数让学生自己总结出小数的读法，并通过海报上的小数，同桌互相读一读，说说组成，进行练习。

【设计意图：1.符合学生的性格特征。学生熟悉喜爱的食品，有想购买的欲望，能激发学生积极性。2.体现了数学知识与现实生活的紧密性，用数学服务于生活。3.学生能很好地把小数与我们的实际生活应用有机结合起来，不是为认识数而单纯学习，而是因为在生活中我们的交往、实际需要而学，让学生意识到认识小数的必要性。】

（二）借助人民币模型，再次认识小数

1. 学生有分数初步认识的相关知识，通过提问0.3元是多少来激发学生的

知识迁移，引导学生说出把一元平均分成10份，取其中的3份就是$\frac{3}{10}$元也就是0.3元，引发学生对小数含义的认识，建立十进分数与一位小数的关系，理解1角=$\frac{1}{10}$元=0.1元。

【设计意图：借助人民币模型，联系十进分数与一位小数的关系让学生建立起小数与整数和分数的关系，生活经验可以帮助学生理解。】

2. 提问：0.3元里面有几个0.1元？

引导学生回答3个，并让学生"一个0.1，两个0.1，三个0.1"这样去数一数，体会计数单位的累加。

【设计意图：通过教师的提问，引出小数的计数单位0.1，在学生一个0.1，两个0.1……数的过程中，体会计数单位的累加，培养学生的数感。】

3. 老师提问0.4元、0.7元分别是多少呢？你还能从图中找到多少元？

学生看图进行回答，注意语言的规范（把一元平均分成十份，取其中的4份就是$\frac{4}{10}$元也就是0.4元）教师进行板书$\frac{1}{4}$元=0.4元。

4. 出示0.9元，用长方形表示一元，应该如何表示出0.9元？

学生汇报想法，注意强调一定是"平均分"。

提问：0.9元再加上0.1元是多少？

【设计意图：直观的几何图形可以帮助学生进行理解，用面积图形表示一位小数，将抽象的数具体化，帮助学生理解小数的含义，并在画的过程中渗透小数的大小比较和十进制的思想。】

5. 教师提问：通过观察板书，你发现了什么？先小组讨论再进行回答。

引导学生回答，十分之几就是零点几。

【设计意图：顺应学生的认知规律，通过观察、对比小组讨论得出十进分数与小数的练习，让学生在活动中获得新的知识。课堂的主体是学生，让学生发现问题、探索问题有利于激发学生的兴趣，使学生投入到后面的学习之中。】

6. 教师进行前部分知识的总结，并提问学生在生活中哪里见过小数。

学生：测量身高、体重，超市物体的重量……

小结：小数应用具有广泛性，测量中为了表示更加精确的结果，就会用小数。

【设计意图：学生通过举例体会小数应用的广泛性，同时老师的总结让学生体会到小数的精确性。】

7. 长度单位，巩固小数的含义。

让学生以小组为单位，先估一估手中纸条的长度，再量一量是几分米，并用米为单位表示长度。

【设计意图：利用米、分米这样的长度单位为模型，让学生找到一位小数，通过动手实践、迁移（依据前测数据，学生已经具备了迁移知识基础）等方式进行自主活动，体会数学与生活的紧密联系，体验小组合作学习，提高解决问题的能力。】

（三）巩固练习，运用小数

1. 按要求填空。

15.2元=（　　）元（　　）角　　7元3角=（　　）元

2. 在数轴上写出相应的小数。

【设计意图：练习能够题目加深学生对小数含义的理解，并巩固小数的写法，其中第一题的设计关注了学生的生活经验，利用知识迁移，理解以元为单位的小数的具体含义，第2题引入数轴，不仅巩固了小数的含义，还渗透了小数的大小比较，在练习中不断培养学生的数感。】

（四）总结

师：通过本节课的学习，你有了哪些收获？

总结：通过这节课的学习，我们对小数有了一些了解，在以后的学习中，我们会了解更多有关小数的知识。

六、教学效果和评价

（一）评价要点

1. 课堂内容可以唤起学生的兴趣，学生课堂参与度高，能够主动地思考并提出有价值的问题；能用流畅连贯的语言表达自己的思维。

2. 课堂的知识通过教师提问、生生质疑、引导回答、小组合作交流、归纳总结等活动中获得。

3．学生通过练习，能够反映出对所学知识掌握水平较高，拓展内容大部分同学能接受；师生间、生生间互动交流良好，课堂气氛活跃。

（二）学生学习效果评价

内容	评价标准				自评	小组评
等级	☆☆☆☆☆	☆☆☆☆	☆☆☆	☆☆		
学习态度	课堂上专心听讲，积极发言，能表达自己的想法。	听讲比较认真，能主动举手发言。	听讲情况一般，发言不够主动，但能认真倾听。	听讲偶尔不够专心，不举手发言。		
方法掌握	理解一位小数的含义，熟知小数的组成与计数单位，能准确熟练地将一位小数与十进分数互化，理解小数的计数单位，并能正确画图表示一位小数。	理解小数的含义，知道小数的组成与计数单位，可以说出十进分数与一位小数的联系。简单的十进分数与小数的互化可以完成。	理解小数的含义与计数单位，能说出十进分数与一位小数的含义。简单的十进分数与小数的互化可以完成。	理解小数的含义。知道十进分数与一位小数的练习。可以判断出图中表示的小数是否准确。		

七、教学反思

（一）利用已有经验，调动学生兴趣

学生在一年级下学期学习人民币时就初步接触了小数，我设计逛超市的教学情境，贴近学生的生活，自然引出小数。学生兴趣调动后，通过积极比较、分类，找到小数与整数的不同，学习小数各部分的组成与读写。再激发学生对分数这部分内容的知识迁移，勾连十进分数与小数的联系，初步了解小数的含义，感受小数就在我们身边，体会小数用处的广泛性。

（二）提出合适的问题，提高抽象概括能力

课堂应该是学生积极探究、动态发现过程。教师要善于提出有价值的问题，有引导学生进行思考的过程，又能使学生从中获得成功的喜悦，提高概括能力。在讲授0.3元时，当学生说出把一元平均分成十份取其中的三份就是

$\frac{3}{10}$元也就是0.3元时,我通过追问"0.3元里面有几个0.1元"引出小数的计数单位,再通过数计数单位让学生体会计数单位的累加。后面在学习0.7元、0.4元、0.9元中通过师生互动、生生互动既让学生体会了小数的含义,又强化了计数单位和十进制,对学生的数感进行培养。

(三)多种模型充分调动学生的主观能动性

本节课将重点是理解小数表示的具体含义。以熟悉的人民币模型进行引入,奠定小数的雏形,再通过长度模型以小组合作,估一估,量一量,写一写的学习单形式,引导小组合作探索问题,互相交流完善答案,让学生理解小数的具体含义。注重动手与思考相结合的学习方式,培养学生的迁移能力。

(四)利用练习发散数学思维

本课的练习中,数轴的加入提升了学生的思维量,给小数找家的小活动,不仅仅让学生对小数的含义进行了复习,培养了学生的估算意识,还渗透了小数大小的比较及小数与整数的关系等知识,这为后面继续学习小数的意义及小数的加减法奠定了基础。

《小数的意义》教学设计

北京教育科学研究院通州区第一实验小学　林蕊馨

一、指导思想与理论依据

课程内容的选择要贴近学生的实际,有利于学生体验与理解、思考与探索,课程内容的组织要重视过程,处理好过程与结果的关系,要重视直观,处理好直观与抽象的关系,要重视直观经验,处理好直观经验与间接经验的关系,课程内容的呈现应注意层次性和多样性。

数学教学活动,特别是课堂教学应激发学生兴趣,调动学生的积极性,引发学生的数学思考,鼓励学生培养创造性思维。

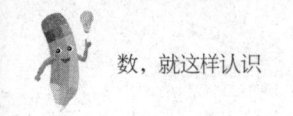

二、教学背景分析

（一）教学内容分析

《小数的意义》是在学生三年级时学习《分数的初步认识》和《小数的初步认识》的基础上进行教学的，它是学生系统学习小数的开始，这部分内容的学习，使学生进一步理解小数的意义，同时也为今后学生继续学习小数四则运算打好基础。

小数的实质是十进分数的另一种表示形式，其依据是十进制位值原则，从小数的本质含义来看，小数与分数和整数都有着密切的联系，从与分数的关系来看，分母是10、100、1000……的分数可以用小数表示，一位小数就是十分之几，两位小数就是百分之几……分数的分母表示的是等分的份数，分子表示的是所取的份数。而小数表示的是最终得到的数，其被等分的过程是被隐藏在小数部分中的。从与整数的关系来看，小数的记数系统沿用了整数的十进制记数规则和结构，每一个数位相邻的两个单位之间进率是10，每一个数位上的数的位值是右边数位上的数的位值的10倍，越往右值越小，越往左值越大。整数部分数位往左无限延伸，没有最大的数位，小数部分数位往右延伸，没有最小的数位。

教学中如何帮助学生体会小数的本质含义，沟通小数与分数、整数之间的关系，将不同数域的数的认识统一起来，让学生有整体的认识，是设计本节课教学应思考的问题。

（二）学情分析

为了充分了解学生的认知基础，我对四年级一个班的学生进行了课前调研。

调研题目：

1. 你能给这些数进行分类吗？并说一说分类理由。

$\frac{2}{7}$，9.8，670，$\frac{5}{8}$，0.78。

2．填空。

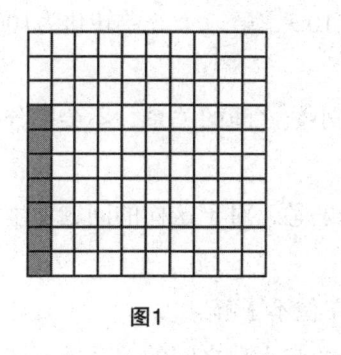

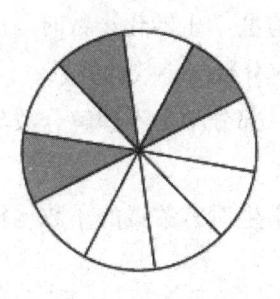

图1   图2

（1）图1中，涂色部分表示 $\frac{(\quad)}{(\quad)}$，写成小数是（　　）。

（2）图2中，涂色部分表示 $\frac{(\quad)}{(\quad)}$，写成小数是（　　）。

3．在□里填上合适的数。

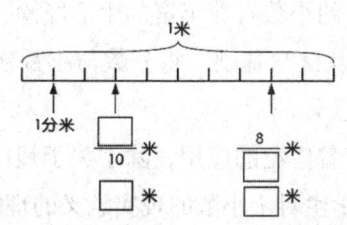

4．1角是 $\frac{(\quad)}{(\quad)}$ 元，写成小数是（　　）元。9角是 $\frac{(\quad)}{(\quad)}$ 元，写成小数是（　　）元。

5．在25.46这个数中，2在（　　）位上，表示（　　）个（　　），5在（　　）位上，表示（　　）个（　　），4在（　　）位上，表示（　　）个（　　）。

调研结果：

题号	第一题	第二题 (1)	第二题 (2)	第三题	第四题	第五题
正确人数	39	37	28	29	40	8
错误人数	5	7	16	15	4	38

第一题：个别学生把小数和整数归为一类，还有个别学生没有找到分类标准，不知所措。

第二题：大部分学生能正确写出分数，但转化为小数出现问题较多，如第一个分数，有些学生转化小数时写成10.3，第二个分数转化为100.7、0.7，可见学生不理解分数与小数的关系。

第三题：一部分学生不理解分数与小数之间的关系，不会把分数转化为小数。

第四题：学生对有关钱的小数比较熟悉，对于这样的问题学生会用分数及小数表示。

第五题：大部分学生对小数的计数单位不了解。

通过调研结果可以看出，学生对分数与小数之间的关系并不清楚，因此学生不能借助分数及直观模型直接想到小数，对小数的意义也并不了解。对于小数，学生最熟悉的认知基础就是钱币，关于有关钱的小数，学生对于它所表示的实际意义能够做到清晰表达。

我的思考：

1. 学生对关于钱币的小数有着丰富的生活经验，教学中应充分借助学生对小数的已有生活经验及认知基础，将分数与小数建立联系，帮助学生认识小数，理解小数的本质意义。

2. 小数在生活中有着广泛的应用，除了关于钱币的小数，教学中应拓展小数的实际意义，丰富学生对于小数的现实意义的理解与认识。

3. 数是数出来的，要让学生在数数中，加深对计数单位的认识与理解。

4. 计数单位是抽象的，如何将抽象的知识形象化，教学中，应借助直观的几何图形，帮助学生建立小数计数单位的模型。

三、教学目标与重难点

（一）教学目标

1. 结合具体情境，了解小数产生的价值，通过操作、观察、类比等活动理解小数的意义，了解小数计数单位间的进率。

2. 在探究过程中渗透整数、分数、小数的内在联系，感受小数是十进分数的一种表现形式。

3. 在学习小数意义的过程中，体会小数在生活中的广泛应用。

（二）教学重难点

教学重点：理解小数的意义、计数单位，感受小数是十进分数的一种表现形式。

教学难点：理解小数的意义，初步感知整数、分数、小数的内在联系。

四、教学思路

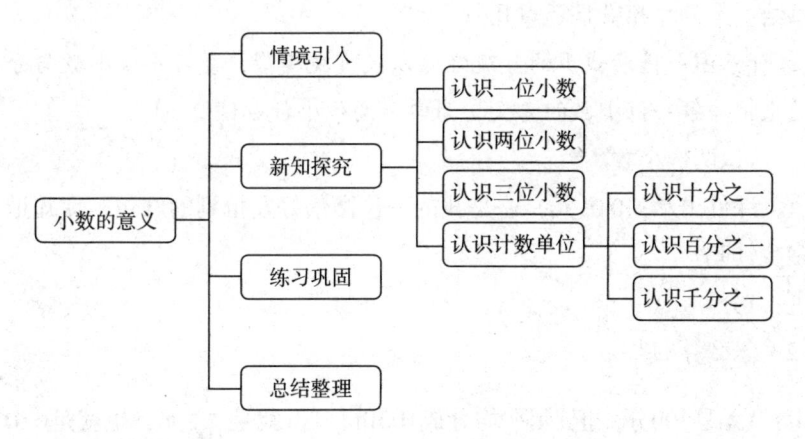

```
                    ┌── 情境引入
                    │                  ┌── 认识一位小数
                    │                  │
                    │                  ├── 认识两位小数
                    ├── 新知探究 ──────┤
小数的意义 ─────────┤                  ├── 认识三位小数 ──┬── 认识十分之一
                    │                  │                   │
                    │                  └── 认识计数单位 ──┼── 认识百分之一
                    ├── 练习巩固                           │
                    │                                      └── 认识千分之一
                    └── 总结整理
```

五、教学过程

（一）情境引入

师：今年春节，有一个游戏特别火爆，你知道是什么吗？（课件出示）抢红包。你们喜欢玩吗？我特别喜欢玩。记得第一次抢红包时，我抢到了这么多钱：（课件出示）0.1元。

【设计意图：游戏引入，引出学生最熟悉的关于钱币的小数，唤醒学生的已有认知经验。】

（二）新知探究

1. 认识一位小数。

提问：

（1）这是一个什么数？你们知道我抢到了多少钱吗？（1角）

（2）为什么1角钱是0.1元？

因为1元等于10角，把一元平均分成10份，一份就是$\frac{1}{10}$元，也就是0.1元。（出示课件）

（3）指课件思考：看图，除了0.1元，你还知道其他小数吗？

生：0.2元、0.3元……（师板书）

（4）说了这么多的小数，观察板书，你发现了什么？

总结：十分之几就是零点几。

【设计意图：借助钱币的直观经验以及直观模型，复习一位小数与分数之间的关系，理解一位小数的意义，为学习两位小数做铺垫。】

2．认识两位小数。

（1）课件出示：0.01元，这是我的一位微信好友抢到的红包，你知道他抢到了多少钱吗？

生：1分。

（2）怎么算的？

生：1元是100分，把1元平均分成100份，1份就是$\frac{1}{100}$元，也就是0.01元。

（3）2分是多少元呢？你还能得到哪些小数？

生：0.02、0.03……（板书）

（4）出示微信好友红包，从中任选一个小数，说说他抢到了多少钱。

（5）观察板书，说说你发现了什么。

总结：百分之几就是零点几几。

【设计意图：借助几何直观与认知经验，类比迁移对一位小数的意义的理解与认识，学习两位小数，理解两位小数的意义。】

3．认识三位小数。

（1）师：刚才我们认识了零点几、零点几几这样的小数，这些小数除了可以加上"元"这样的单位，表示钱币的多少，还可以加上其他单位，比如"米"。出示0.25米，你知道它表示什么吗？

（2）测量数学书的宽，完成学习单。

数学书的宽是（　　），是（　　）厘米，是（　　）米。

A．两人一组合作完成。

B．汇报交流。

预设：18.3厘米。（厘米不能满足测量的需求，于是出现了毫米，183毫米）

把1米平均分成1000份，1份是1毫米，是$\frac{1}{1000}$米，183毫米就是$\frac{183}{1000}$米，也就是0.183米。

C. 出示米尺，把1米平均分成1000份，还能得到哪些小数？
0.002、0.023……

（3）观察板书，总结：千分之几就是零点几几几。

【设计意图：拓展学生对小数实际意义的理解与认识，借助长度单位渗透单位，细分得到千分之几的分数，认识三位小数。】

4. 数一数，认识计数单位。

（1）认识十分之一。

A. 这是一个正方体，用它表示"1"，平均分成10份，涂色部分怎么表示？（0.1）。

B. 从0.1开始数，数到1，思考：数多次到1？（10次），1里面有多少个0.1？

C. 就像我们学习整数数数时一样，我们可以一个一个地数，也可以十个十个地数，一、十都是整数的计数单位，0.1、0.1地数，0.1也是计数单位，是小数的计数单位。

（2）认识百分之一。

A. 将立方体平均分成100份，涂色部分表示多少？（0.01），0.01也是一个计数单位。

B. 以0.01为单位继续往下数数，一直数到0.13，发挥想象，数到多少次到1？（100次），也就是1里面有多少个0.01？（100）

（3）认识千分之一。

A. 将立方体平均分成1000份，涂色部分表示什么？0.001，0.001也是一个计数单位。

B. 以0.001为单位继续数，数到0.012，思考一下数多少次数到1？那么，1里面有多少个0.001？

（4）建立计数单位之间的联系。

A. 刚才我们通过把一个立方体平均分成10份、100份、1000份，得到

数，就这样认识

0.1、0.01、0.001这几个计数单位，（出示课件）观察一下，你发现了什么？

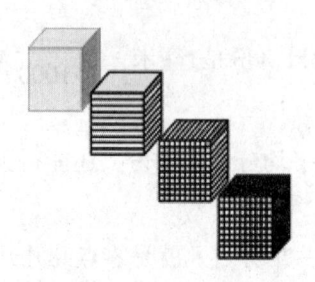

B. 如果继续分下去，还会得到哪些计数单位？

【设计意图：借助立方体的直观模型，建立计数单位模型，引领学生在数数的过程中进一步认识计数单位，感受相邻计数单位之间的关系，沟通整数、小数、分数之间的关系，建立直观模型的数位顺序表。】

（三）练习巩固

1. 用小数表示涂色部分。

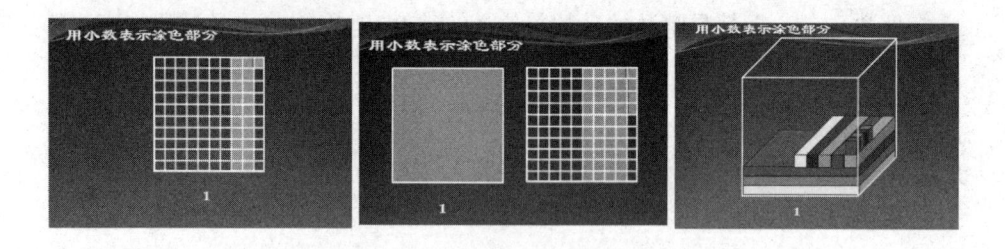

2. 下图中的红包表示多少钱？并说明理由。

3. 结合生活实际说一说0.3都可以表示什么。

158

【设计意图：通过练习，让学生进一步理解小数的意义，深化对计数单位概念的理解，明确数的组成，拓展小数的现实意义。】

（四）总结整理

师：通过学习，你有什么收获？

【设计意图：归纳整理，提升认识。】

六、教学效果评价

（一）评价方式

1. 知识与技能评价：（小试卷）

（1）0.4的计数单位是（　　），它有（　　）个这样的单位。再添上（　　）个这样的单位就是1。

（2）0.574是由5个（　　）、7个（　　）和4个（　　）组成的，再添上（　　）就是1。

（3）2个0.1、3个0.01、4个0.001组成的数是（　　）。

（4）2.642是由（　　）组成的。

2. 过程与方法评价：学生是否能够积极参与教学全过程，课上认真思考，积极举手，是否能够独立思考、并主动参与讨论，有理有据地阐述自己的观点，并清晰地表达，是否在活动中形成对小数的意义的认识与理解。

3. 情感态度价值观的评价：通过课上观察，从学生的学习态度、学习习惯、学习的积极性等方面考查。

（二）评价量规

1. 知识掌握情况评价：

（1）能独立完成并思路清晰的利用学到的知识阐述自己的想法。（优）

（2）能独立完成并达到90%以上的正确率。（良）

（3）能独立完成并达到60%以上正确率。（及格）

2. 学习过程：

（1）学生能够积极参与教学全过程，课上认真思考，积极举手，能够独立观察、并主动参与讨论，有理有据地阐述自己的观点，并清晰地表达，在

活动中形成了对小数的意义的认识与理解。（优）

（2）能够参与教学全过程，课堂上独立思考，在活动中形成对小数意义的认识与理解。（良）

（3）能够参与教学全过程，在活动中形成对小数意义的基本认识与理解。（及格）

3．情感态度与价值观：

（1）课上表现活跃，积极性高，愉快地完成学习任务。（优）

（2）能够愉快地完成学习任务。（良）

（3）经过努力形成基本的成功体验。（及格）

七、教学反思

1．借助小数在生活中的广泛应用，进一步理解小数的意义。

借助抢红包引发学生兴趣，借助钱币理解小数的意义，为了避免学生形成定势，课堂上引领学生明确除了可以加上元这样的单位，还可以加上其他单位，比如米，将抽象的数字赋予丰富的实际意义等。最后出示"借助生活实际说一说0.3的意义"。让学生用生活中的实际意义解释0.3的意义。

2．借助直观的几何图形认识小数计数单位，建构计数单位模型。

借助正方体进一步理解小数的意义，并进一步认识0.1、0.01、0.001这几个计数单位，感受它们之间的大小关系、十进关系。并能够想象出模型图向左右延伸，类推出更小、更大的计数单位，沟通整数、小数之间的关系，构建整数数位顺序表。

3．设计数数的教学活动，进一步理解小数的意义，感受小数的本质内涵。

华罗庚曾说过："数是数出来的。"回想古人计数的过程，从一一对应到计数单位的出现，再到位值的产生，都是在数数的过程中，根据需要逐渐发展形成的。数数，看似简单，实际蕴含了丰富的关于数的知识，关于数的表示、数位、位值、大小、意义，都在数的过程中充分体现。日常教学中我们不难发现，如果学生数数很好，那么对于数的相关知识的学习掌握也会非常轻松。教学中，设计数数的教学活动，让学生充分感受计数单位累加的本质内涵。如一位小数就是0.1、0.1地累加数出来的。两位小数就是以0.01为单位累加的。在数的过程中，进一步理解小数的意义，进而体会计数单位与1之间的关系。

《小数的意义》教学设计

北京市通州区宋庄镇中心小学　李雪东　纪艳霞

一、教学内容分析

《小数的意义》一课，是京教版四年级下册第一单元中的内容。属于数与代数部分。纵观数的认识，从第一学段自然数的认识，到分数、小数初步认识，共性在于学习计数单位及其十进制关系。《小数的意义》这一课，虽属于小数的再认识，却也是认识小数计数单位与十进制关系的起始。因此，本节课的教学应抓住"十进位值制"这个核心概念。

从教材编排来看，本节课向上承接着第一学段认识人民币、厘米与米，以及分数、小数初步认识；向下是小数性质、大小比较及小数运算的基础。三年级下册，《小数的初步认识》以购物为原型，从生活中的元角分出发，初步认识了一位小数。而本节《小数的意义》脱离了元角分，从直观模型出发，抽象概括出小数的意义。

二、指导思想与理论依据

《义务教育数学课程标准》（2011年版）中指出：借助直观几何可以把复杂的数学问题变得简单、形象，有助于探索解决问题的思路，预测结果。直观几何可以帮助学生直观地理解数学，在整个数学学习中都发挥着重要作用。著名数学家华罗庚也曾说过："数缺形时少直观，形少数时难入微。数形结合百般好，隔裂分家万事休。"因此本节课着力渗透"数形结合"思想，借助正方体直观模型由浅入深，层层突破，探究感悟小数的本质。

三、学情分析

四年级学生思维处于具体运算阶段，抽象理解事物本质比较困难。为了进一步明确学生的知识基础与生活经验，我们对以下问题进行了课前调研：

数，就这样认识

（1）生活中，你在哪里见到过小数？为什么会出现小数？
（2）请在正方形上表示出0.1。
（3）按顺序数数。0.9之后是多少？
0.1、（　）、0.3、（　）、（　）、（　）、（　）、（　）、0.9、（　）
（4）猜猜，右图中的阴影部分表示多少？把你的想法写出来。

经过统计分析，我们发现：学生对小数的认识集中体现在购物情景中，举例多是人民币模型。有91%的学生感受到小数产生的必要性，即整数无法表示的情况。但是学生认知支撑模型较单一。

在用正方形表示0.1时，约48%学生对于小数与分母为10的分数之间的关系未能理解。而且按顺序数数，38%的学生写错，但单独访谈中，又发现本质上，学生已经理解数就是计数单位的累加而形成的，9个之后是10个，但是没有认识到"满十进一"，进一后又是什么数。说明计数单位在学生心目中还需要加强理解。

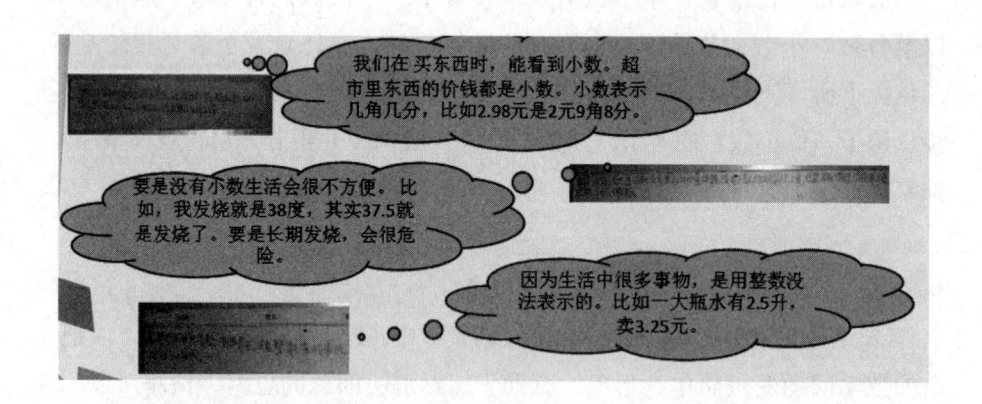

> 我们在买东西时，能看到小数。超市里东西的价钱都是小数。小数表示几角几分，比如2.98元是2元9角8分。

> 要是没有小数生活会很不方便，比如，我发烧就是38度，其实37.5就是发烧了。要是长期发烧，会很危险。

> 因为生活中很多事物，是用整数没法表示的。比如一大瓶水有2.5升，卖3.25元。

从一位小数过渡到两位小数时，总体看来，学生知道要想更精细表达，需要继续分下去。但是不清楚整体与部分的关系。而且乐于借助人民币模型来分析，而人民币模型具有局限性。

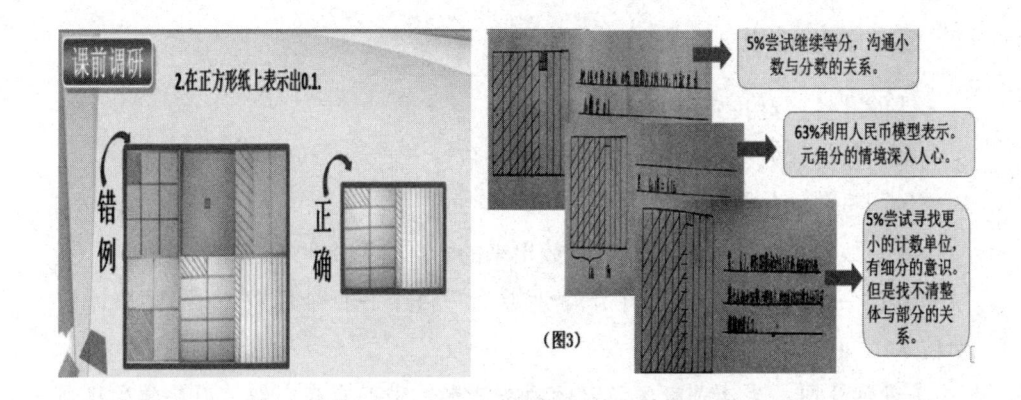

综合以上分析，我认为，对于小数意义的学习，要尊重学生的认知基础，借用他们喜闻乐见的人民币模型，联系生活需要，发展学生的数学眼光，感受小数产生的意义。更需要采用多种模型支撑，丰富认识，理解小数意义的本质。并在此过程中，渗透概括、推理的数学思想。

四、教学目标与重难点

（一）教学目标

1. 经历用小数描述生活现象，体会小数与生活的联系。明确小数与十进制分数之间的关系，感受整数、分数、小数之间内在的联系。

2. 通过观察、操作、类比，体会小数与分数的关系。在多维表征中初步建构、理解小数的意义。积累数的认识活动经验。

3. 了解小数的计数单位及相邻计数单位之间的进率。

4. 培养学生认真观察、思考的良好学习习惯及抽象概括的数学能力。

（二）教学重难点

教学重点：通过观察、操作、类比，体会小数与分数的关系，理解小数的意义。

教学难点：了解小数的计数单位和相邻计数单位之间的进率。

五、教学过程

课前准备：自我介绍。

师：数学无处不在！你都看到了哪些数？

生：整数、分数、小数

师：数学家华罗庚说过，数是数出来的。你会数数吗？

生：一个一个地数、十个十个地数、一百个一百个地数……（感悟计数单位）

【设计意图：生活是数学学习的源头活水。借助自我介绍，引导学生找到生活中不同的数。通过数数，直奔计数单位，并启发思考小数的计数单位是什么，激发学生探究的学习热情。】

（一）温故知新，利用旧知，初步感知

1. 直奔主题，唤醒旧知。

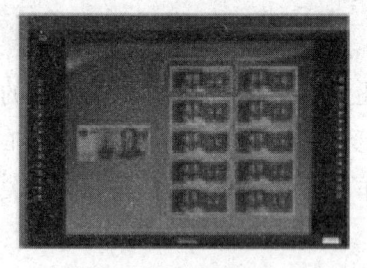

$$1角 = \frac{1}{10}元 = 0.1元$$

师：小数怎么数呢？今天我们就来探究小数的意义。

【设计意图：凡是过去皆是序曲。出示三年级的课本，再现知识，唤醒学生旧知。】

2. 源于生活，复习一位小数的意义。

师：早餐买鸡蛋，我微信支付了0.5元。你知道0.5元是多少钱吗？

师：0.2元呢？0.8元呢？你有什么发现？

生：一位小数也就是十分之几的分数。

【设计意图：利用人民币模型，通过同一对象的两种不同表现形式，把小数与分数建立直接联系。同时，感知一位小数的计数单位。】

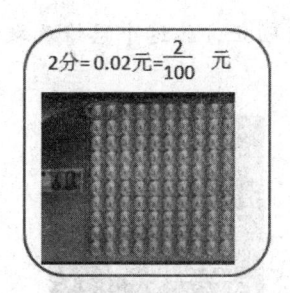

2分=0.02元=$\frac{2}{100}$元

3. 利用迁移，感知两位小数的意义。

师："摇一摇"小程序给我返现0.02元，0.02元又是多少钱呢？

生：0.02元就是2分钱，用分数表示是百分之二元。

师：还有像这样的其他小数吗？它们都分别表示什么？

让学生联系其他两位小数，抽象概括两位小数的意义。

师：我们发现两位小数其实就表示什么？

生：百分之几。

【设计意图：利用知识迁移，借助人民币模型，初步感知两位小数的意义。】

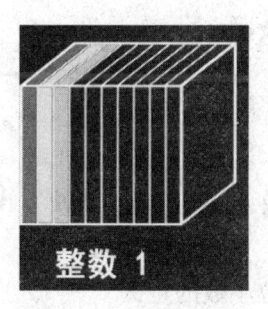

整数 1

(二) 借助直观几何，归纳探索小数的意义

1. 动画演示，理解一位小数的意义。

师：如果将一个正方体看成1，那么0.1在哪里？

生：借助课件，找到计数单位0.1。

（动画演示，将1平均分成10份，其中一份就是0.1）

师：大家还看到其他小数了吗？在哪里？

（让学生数一位小数）

【设计意图：在直观与抽象之间搭建桥梁，运用数形结合的方法，把小

数，就这样认识

数与十进分数联系起来。借助正方体这个思维表象载体，感知整体与部分的关系。】

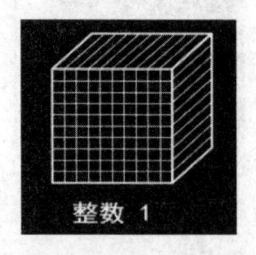

整数 1

2. 类比迁移，理解两位小数的意义。

师：在这个正方体上，你看到两位小数了吗？0.01在哪里？

师：大家动手分一分，涂一涂。讨论0.01有多大。

师：还有哪些像这样的小数？它们都有什么特点？

【设计意图：利用知识迁移方法，在操作中进一步明确小数的本质是将整体1继续细分，并且在交流与数数的过程中，抽象概括出两位小数的意义。】

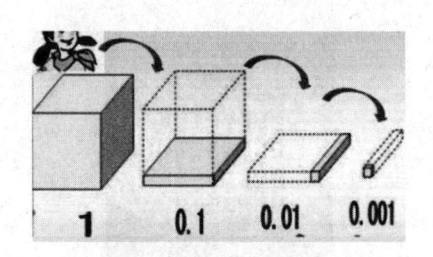

1　0.1　0.01　0.001

3. 推理想象，理解三位小数的意义。

师：如果想得到更精细的数，该怎么办？

生：继续分下去。

师：你想怎么分？为什么？

生：将整体1平均分成1000份，每一份就是一千分之一，也就是0.001。

师：看，正方体上，还有其他三位小数吗？它们都有什么特点？

（让学生概括三位小数的意义）

4. 整理归纳，概括小数的意义。

师：回顾整个环节，借助正方体模型，重温感知过程。说说自己的感受。

生：小数就是把整数1不断细分，小数与十进分数有联系。

【设计意图：学生建构概念，需要经历动手操作、形成表象，进而归纳概括的过程。教师应利用迁移、概括、推理引导学生理解小数的意义。】

(三) 练习提升、感悟本质

1. 看图数小数。

看图，数小数

0.574是由5个（　　），
7个（　　）和
4个（　　）组成的，
再添上（　　）就是1。

【设计意图：数数是形成数概念的基础。华罗庚教授说："数是数出来的。"通过观察图中模型的累加，也就是计数单位的累加，感知小数的组成。】

2. 赋予小数意义。

承接上题，说说0.426的组成。生活中，这个小数可能表示什么？

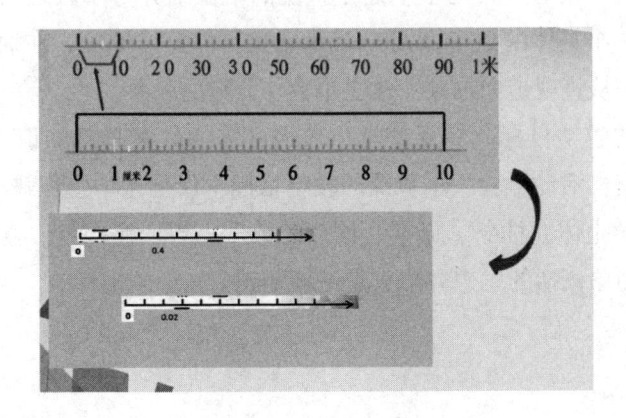

【设计意图：赋予0.426这个小数不同的单位名称，发散学生思维，感受小数的生活价值。其中重点处理0.426米，由米尺到数线，为下面学习做铺垫。最后，沟通0.426的数学含义，回归正方体体积模型，回归数的组成，并通过逆推，感悟十进制关系。】

六、教学特色

本节课在人民币模型基础上，进一步借助正方体，让学生经历理解小数意义的过程。借助直观几何、发展学生的数学素养。本节课体现出以下几点特色：

1. 从无形到有形，用形表征

借助学生已知的1元＝10角、1元＝100分，寻找分数与小数的关系。借助正方体，把分数与小数有机联系，实现从整数、到分数、向小数的拓展。从无形的元角分，到有形的正方体，体会单位细分，理解小数本质。

2. 从计量到计数，借助单位

本节课教学难点是计数单位的换算关系。课上用1元＝10角、1元＝100分、1米＝1000毫米、1分米＝100毫米等现实的背景，巧妙地将其融入正方体中，借助形，将小数计数单位的进率嫁接到学生原有认知体系。在这个过程中，实现了数量到数的抽象过程。

3. 从直观到抽象，理解小数意义的本质

正方体这一模型，帮助学生建立直观的单位细分与小数之间的联系。它既可以是某一个具体的数量，如0.426米，也可以擦掉单位，在抽象水平上表示一般小数，从直观走向抽象，建立小数与分数的联系。

数学课的教学目标，应促使学生获得必需的数学基础知识、基本技能、基本思想与基本活动经验。本节课的教学目标不仅是让学生理解小数的意义，而且要帮助学生体会抽象、概括、推理的数学思想，在探究、概括的过程中了解怎样用抽象概括的思想方法去学习新知识。

《生活中的负数》教学设计

北京教育科学研究院通州区第一实验小学　王立涛

一、指导思想与理论依据

《义务教育数学课程标准》（2011年版）指出：数学教学，要紧密联系学生的生活环境，从学生的经验和已有的知识出发，创设有助于学生自主学习、合作交流的情景，学生通过观察、操作、归纳、类比、猜测、交流等活动，获得基本的数学知识、技能、活动经验与数学思想，进一步发展思维能力，激发学生的学习兴趣，增强学生学好数学的信心。

二、教学背景分析

（一）教学内容分析

《生活中的负数》是京教版教材四年级下册第六单元的内容，是在学生系统地认识整数、小数的基础上进行教学的。教材中的例题与练习的选择均贴近生活，在具体的生活情境中初步认识负数，了解具体情境中的负数的意义。通过正负数的认识，使学生明白"数"不仅包括正的，还有负的，从而使学生对数的概念形成一个完善、系统的知识结构，为今后进一步认识有理数打下基础。

（二）学情分析

在前测中大部分学生能根据具体情境，描述负数的含义；能正确排列负数、0和正数的大小，但很少有学生能给这些数分类。这说明：负数对学生来说，既熟悉又陌生。基于前测分析，本课的教学设计围绕学生熟悉的情境进行，通过对温度和海拔中的负数认识，体会负数的含义，利用不同的生活模型理解正数、负数和0的关系。

数，就这样认识

三、教学目标与重难点

（一）教学目标

1. 在熟悉的生活情境中体会负数产生的必要性，能够正确地读、写负数。

2. 在自主探索与组内交流中，学会倾听和提问，理解负数在生活中的含义，体会"0"的分界作用。

3. 在经历多层次多角度的生活情境后，内化概念，感悟负数与正数是一对表示相反意义的量，让学生从概念的本质上理解负数比0小，提升对负数的认识，进而感受到探索知识的乐趣。

（二）教学重难点

教学重点：

1. 通过具体的生活事例，了解并能表述负数的意义，能正确读、写负数。

2. 知道正数、负数和0的关系。

教学难点：懂得在生活中可以用正负数表示意义相反的量。

四、教学思路

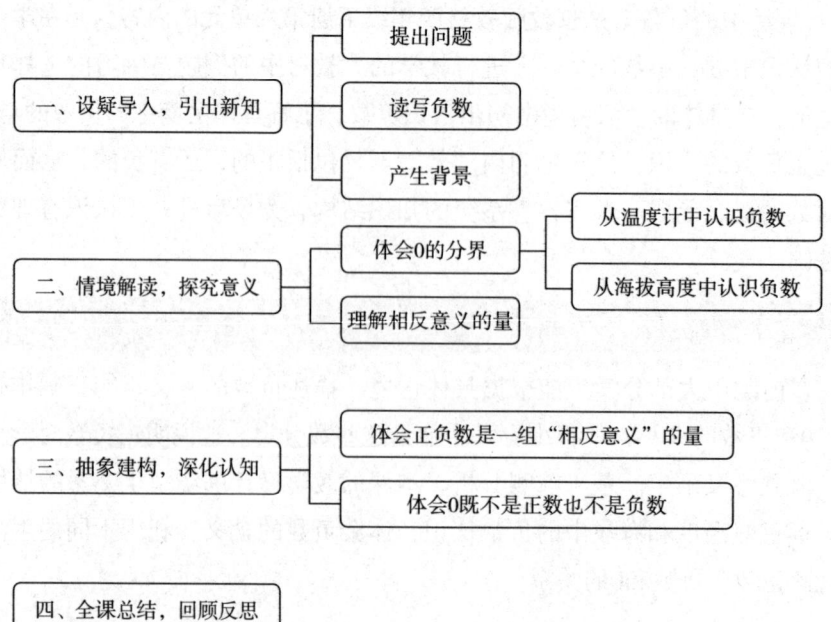

```
一、设疑导入，引出新知 ── 提出问题
                     ── 读写负数
                     ── 产生背景

二、情境解读，探究意义 ── 体会0的分界 ── 从温度计中认识负数
                                      ── 从海拔高度中认识负数
                     ── 理解相反意义的量

三、抽象建构，深化认知 ── 体会正负数是一组"相反意义"的量
                     ── 体会0既不是正数也不是负数

四、全课总结，回顾反思
```

五、教学过程

（一）设疑导入，引出新知

师：同学们，今天这节课我们一起来研究《生活中的负数》，"负数"在以往的学习中从没接触过，那么在这节课上，你想了解关于"负数"的哪些知识呢？

学生提出问题，老师择优记录。

师：你在哪里听说过或见过负数吗？

生：电梯上、手机账单上……

师：你会写负数吗？

指两名学生板书，其他同学在练习本上书写。

师：你会读这些数吗？

学生试着读一读。

师："−"在算式中就是减号，写在数字前就是负号。

观看短视频，了解"负数"的历史。

师：早在几千年前，我们的祖先就已经开始用正负数来表示生产生活中的事物了，负数是基于人们生产生活中的需要而产生的。今天，我们就一起研究"生活中的负数"。

【设计意图：开门见山直入主题，在谈话中了解学生的认知基础，激活学生的生活经验。通过对"负数"的主题提问，培养学生的问题意识，并以问题为出发点，走向本节课的探究学习。通过介绍正、负数的历史，吸引学生的注意力，渗透数学文化，拓展学生的知识面，提高学生的数学素养，同时又对学生进行了爱国主义教育。】

（二）情境解读，探究意义

1. 体会"0"的分界作用。

出示学习任务：想一想每幅图中的正负数都表示什么意思，再把想法在组内说一说。

数，就这样认识

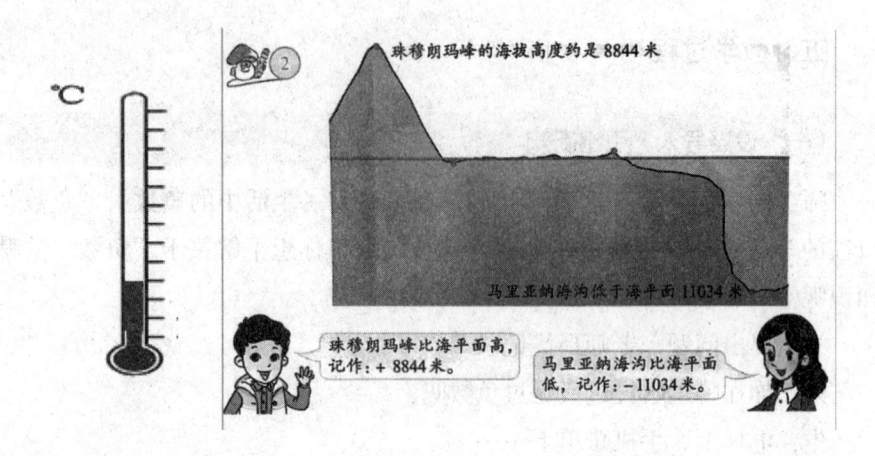

珠穆朗玛峰的海拔高度约是8844米

马里亚纳海沟低于海平面11034米

珠穆朗玛峰比海平面高，记作：+8844米。

马里亚纳海沟比海平面低，记作：-11034米。

（1）从温度计中认识负数。

师："+3"是什么意思？

生：零上3℃。

师：你是从哪里开始数的？

生：从0开始往上数。

师：+3℃和-3℃有什么不一样？这两个温度哪个温度更暖和一些？

生：-3表示零下3℃，零上3℃更温暖一些。

师：这个零是什么意思？

生：是起点。

师：老师这里也有一个温度计，你能读出是多少度吗？

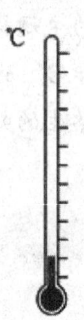

生1：零上2℃。

生2：没有0，不知道从哪里开始数起。

师：（随意指一刻度）如果这里是0℃，现在你能读出温度计上的温度了吗？

生：-2℃

师：有了0我们才能找到负数。正数和负数，都是被谁决定的？那你觉得0在这里有什么作用？

生：正数和负数，都是被0决定的，0在温度计上起到分界的作用。

（2）从海拔高度中认识负数

师：你能说一说图上的数表示什么吗？

师：高度怎么会出现负数？

生：海平面以上的就是正数，低于海平面的就是负数。

师：海平面的高度是多少米呢？

生：海平面就是0米。越往下越深，海平面是分界线。

师：观察我们刚刚研究过的两种事物，它们有什么共同点？

生：都有0。

小结：一年级时，我们就研究过0的意义，它可以表示什么都没有，表示起点，还可以起占位作用，今天我们又赋予0一个新的含义，是正负数的分界点。

【设计意图：在熟悉的生活情境中体会0℃的重要性，只有先确定0，才能确定正、负数，初步体会0的分界作用。】

2. 理解相反意义的量。

师：刚刚我们知道零摄氏度以上记作"+"，零摄氏度以下记作"-"，海平面以上记作"+"，海平面以下记作"-"，想一想这些正负数所表示的含义，你发现它们之间有什么关系呢？

生：正负数所表示的意思是相反的。

师：正数和负数刚好用来表示两种相反意义的量。你还能举一些用正负数来表示生活中相反量的例子吗？

生：收入的钱记作"+"，花出去的钱记作"-"；盈利记作"+"，亏损记作"-"。

【设计意图：沟通联系，理解正数和负数刚好用来表示两种相反意义的量。】

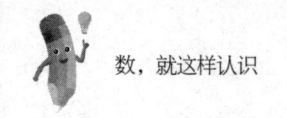

（三）抽象建构，深化认知

1. 体会正负数是一组"相反意义"的量。

师：小明从车站向东行了3千米，小芳从车站向西行了2千米，这两个数可以分别记作什么？你能填出这两个数吗？还有其他填法吗？

生1：向西记作"+2千米"，向东记作"-3千米"。

生2：向西记作"-2千米"，向东记作"+3千米"。

师：为什么会有两种不同的答案呢？其实这两种填法都是可以的，确定了一个方向为正，那么另一个方向就为负，但为了与数线方向一致，一般情况下我们都把零的右边作为正。

2. 体会"0"既不是正数也不是负数。

师：我们借助温度计再来研究负数，零刻度以下的都记作负数，那如果把温度计以零刻度为旋转点，顺时针旋转45度，现在你有什么发现？负数都跑到哪边了呢？

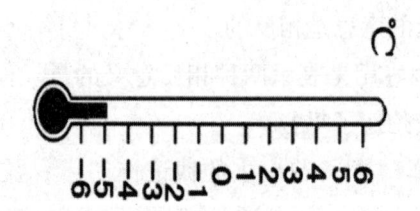

生：负数都在0的左边。

师：（出示数线图）这条线叫作数线，向右方向记作正，你能在这条直线上找到-1、-3、+2、+4吗？

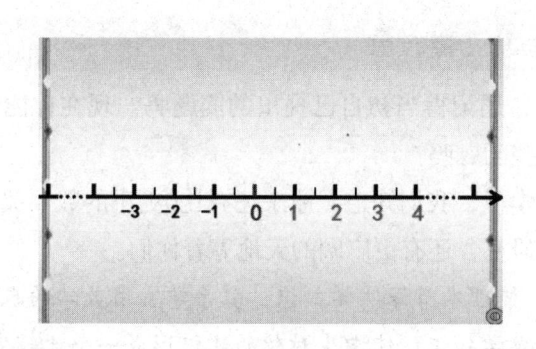

学生在数线上指一指。

师：（指0右边一小格）这是多少？

生：0.5、$\frac{1}{2}$。

师：（指0左边一小格）那这里是几呢？

生：–0.5、$-\frac{1}{2}$。

师：小数和分数是负数吗？

生：小数和分数也有负数。

师：想一想–3和0相距几个格呢？3和0相距几个格呢？你有什么发现？

生：与0的距离一样。

师：像–3和3这样与零的距离相同的一对数，在这条数线上还有吗？

生：+5、–5，+26、–26……

师：这样的数说也说不完。这些数都是一对一对存在的，那零呢？

生：0是单独存在的。

师：孤独的0，如果请你来给这条直线上的数分分类，你会分成哪几类呢？

生：正数、负数，零是单独一类。零，既不是正数，也不是负数。

【设计意图：通过把温度计横放变成抽象的数线，引导学生脱离具体的情境，把数轴的点和抽象的正负数联系起来，突出0的重要性，体会负数的大小，建立数学模型。理解0既不是正数也不是负数。初步渗透集合、数轴、区间、无限的思想。】

（四）全课总结，回顾反思

师：孩子们，还记得当初自己提出的问题吗？现在你能说一说，咱们这节课都解决了哪些问题吗？

通过今天的学习，我们知道，原来还有比0更小的数，关于负数，中学还会有更加深入的研究，还有更广阔的天地等着你们。

【设计意图：梳理本节课所学知识，引导学生用数学的眼光观察生活，去发现更多有趣的数学知识。使学生对数的认识形成一个比较完整的认知结构，也为进一步学习数学知识打下基础。】

六、教学效果和评价

1. 知识与技能评价：学生完成课堂练习的情况。

2. 过程与方法评价：学生是否能够积极参与教学的全过程，敢于在组内和班内主动发言，认真思考，经历知识的形成过程。

3. 情感态度价值观评价：通过观察学生课上表现，从学生的学习态度、学习习惯、学习的积极性等方面进行评价。

七、教学反思

爱因斯坦曾经说过："提出一个问题往往比解决一个问题更重要。"《义务教育数学课程标准》（2011年版）中也强调了要培养学生"发现问题和提出问题"的能力。从某种意义上说，在小学阶段培养学生发现问题、提出问题的能力，就是在培养学生的创新意识。本节课有以下两个特点：

（一）让学生带着问题走进课堂

从某种意义上说，在小学阶段培养学生发现问题、提出问题的能力，就是在培养学生的创新意识。课的开始，我开门见山直入主题，通过对"负数"的主题提问，让学生说出本节课想了解哪些关于"负数"的知识。学生提出了以下问题。

1. 什么是负数？
2. 负数有什么用吗？
3. 负数是谁发明的？

4. 负数能进行运算吗？
5. 负数怎样比较大小？

学生提出的这些问题都很有价值，我顺势说："现在我们就带着大家的这些问题走进今天的课堂。"这样的教学设计，既培养了学生主动发现问题和提出问题的能力，也从根本意义上落实了学生的主体地位，变被动学习为主动学习，学生带着自己的问题进行学习，一定会更有兴趣，更专注，更愿意思考和解决问题。在回顾反思环节，学生发现当初自己提出的问题都解决了，课结束的时候我看到，他们的脸上都洋溢着喜悦之情！

（二）巧设习题，加深学生对负数的认识

本课的一个重要教学目标就是在熟悉的生活情境中体会0的分界作用。为了达成这一目标，我先通过呈现温度计上的0、海平面上的0，让学生初步感知0的分界作用。而后设计了这样一个练习：你能说一说图中的温度是多少摄氏度吗？学生大都摇头，有一个学生小声地说："可能是2摄氏度。"马上有孩子反问道："那-2℃在哪儿？"先前的孩子也"投降了"，现在大家一致认为，没有0，不能确定是多少度。我随手指了一个刻度，告诉他们这里是0！大家马上异口同声地说："现在是-2℃！"我又换了一个刻度说："这里是0！"学生也马上答道："现在是+2℃。""同样是这个刻度，为什么一会儿是零上温度，一会儿又是零下呢？"通过师生间的一问一答，学生感受到了0才是正负数的分界点，只有先确定0，才能区分正、负数。

通过这节课的教学，我深切地感受到：有效的数学课堂需要精心的设计，精心设计不仅体现在整体的教学流程上，更体现在具体的教学细节上。要想上好课，课前必须深刻地钻研教材，深入地了解学生，只有这样，才能真正打造高效的课堂。

《生活中的负数》教学设计

北京市通州区张家湾镇中心小学　岳慧芳

一、指导思想与理论依据

根据《义务教育数学课程标准》（2011年版）提出的"学习有价值的数学知识，并从中获得必需的数学知识"的要求，按照"数学知识来源于生活，同时又服务于生活"这样的理念作为教学设计的主线。本教学内容创设的教学情境充分与学生的生活实际紧密结合。

在教学过程中，通过创设情境让学生初步感受正数和负数可以表示一组意义相反的量，正数和负数是一组相对的概念，它们意义上的"相对"建立在零的基础上。然后引导学生开展探索活动，大胆发表自己的见解，体会负数符号化产生的价值。最后进一步探索负数在日常生活中的实际意义，并将学生对数的认识拓展到一个全新的领域。

二、教学背景分析

（一）教学内容分析

《生活中的负数》是京教版教科书四年级下册的内容。在一到四年级的教学内容中，数的认识部分主要是学习自然数，本课是对数的概念的一个扩充。教材选用了温度计、海拔等几个常用的生活情景，让学生初步认识负数。通过负数的认识，学生明白"数"不仅包括正的，还有负的，从而使学生对数的概念形成一个完善、系统的知识结构，为今后进一步认识负数打下基础。同时，通过教学，学生体会生活中具有相反意义的量，都可以用正数或负数来表示，并对正负数的认识超越温度和海拔层面，有更为深刻的理解。

（二）学情分析

在前测中，我们发现大部分学生在生活中已经接触过负数，知道了负数的存在，有的学生还能根据具体的情境简单说出负数的含义。但是学生并不能从本质上理解，正数和负数是一组相对的概念，是互相依存、对立统一的，正负是相对而言的。另外，学生对于正数、负数和0之间的关系不能准确把握。

基于这样的学习起点，本节课通过熟悉的生活情境让学生体会负数的意义。在把握这些负数形式意义的基础上，紧扣相反意义的量这一核心设计活动，让学生在个性化的学习中形成负数和正数是互为相反的概念，体验负数的真正含义，并将学生对数的认识拓展到一个全新的领域。

三、教学目标与重难点

（一）教学目标

1. 在熟悉的生活情境中，了解可以用正、负数来表示它们之间相反的关系。
2. 在具体情境中，学生能够体会并具体描述负数的含义。
3. 在用数轴上的点来表示正、负数的过程中，学生再一次感受它们之间相反的含义及大小关系，并且认识0是它们的分界点。

（二）教学重难点

教学重点：

1. 在具体情境中，学生能够体会并具体描述负数的含义。
2. 0是正负数的分界点，0既不是正数也不是负数。

教学难点：初步学会用正数和负数描述现实生活中一些相反意义的量。

四、教学思路

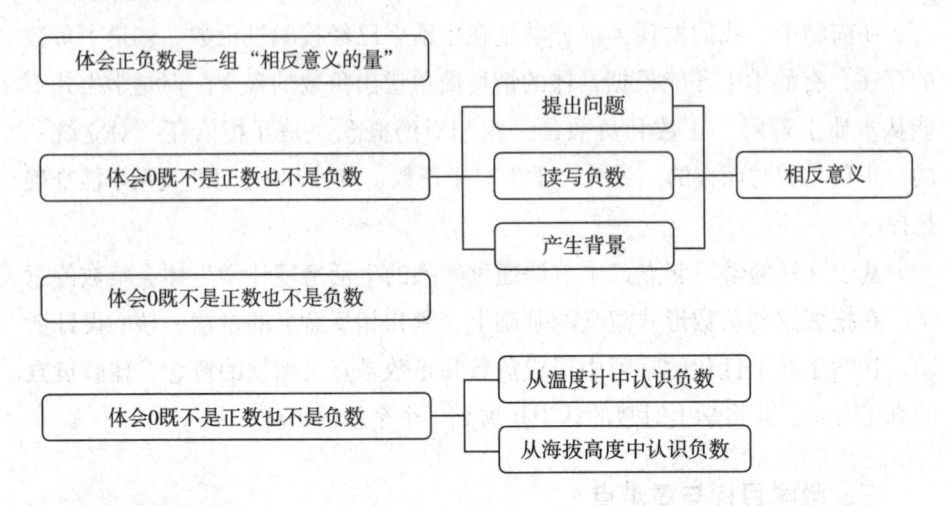

```
体会正负数是一组"相反意义的量"

体会0既不是正数也不是负数 ── 提出问题 ┐
                    读写负数 ── 相反意义
                    产生背景 ┘

体会0既不是正数也不是负数

体会0既不是正数也不是负数 ── 从温度计中认识负数
                    从海拔高度中认识负数
```

五、教学过程

（一）游戏导入，感知相反意义的量

规则：老师说一句话，请你说出与它意思相反的话。

1. 坐下（起立）。

2. 向左看（向右看）。

3. 向东走500米（向西走500米）。

4. 电梯下降5层（电梯上升5层）。

引入谈话：在生活中，像这样意思相反的情况还真多，今天，我们将研究如何用数学方法来表达这些内容。

【设计意图：从学生熟悉的游戏引入新课，不仅激发了学生参与研究的兴趣，而且游戏的过程和结果都反映了相反意义的量在生活中普遍存在，为构建负数概念奠定了良好基础。】

（二）联系生活情景，理解负数在具体情景中的含义

1. 感受生活中相反意义的量。

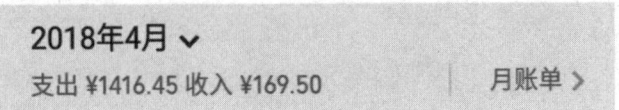

> 2018年4月 ⌄
> 支出 ¥1416.45 收入 ¥169.50　　　月账单 ›

（1）收支。

①出示图片：微信账单。

师：这是我2018年4月份的微信月账单。你读到了哪些数学信息？

（支出1416.45元，收入169.5元）

②提问：同样是钱数，它们表示的含义一样吗？

预设：收入：表示我4月份得到的钱数。支出：表示我4月份花掉的钱数。

（2）温度。

①教师出示下列温度。

室内温度是零上20摄氏度。　　　冰箱冷冻室的温度是零下20摄氏度。

②提问：同样是温度，这两个温度给你的感觉一样吗？

预设：零上的温度让人感到很热，零下的温度让人感觉很冷。

（3）海拔。

吐鲁番盆地低于海平面155米

①师：海拔高度不同的地方温差也非常大。说到海拔，老师这里有一组

数，就这样认识

信息：

珠穆朗玛峰：海拔8844米，表示什么意思？（指的是高于海平面8844米）

吐鲁番盆地：最深的地方有155米。（指海平面以下155米）

②师：这两个数据都表示高度，你觉得它们有什么不同？

预设：一个表示海平面以上，一个表示海平面以下。

2. 从具体事例中概括抽象的本质。

师：观察每组中的两个数据，你认为有什么特点？

生：每组中两个数据都表示相反的意思。

小结：对，这些数据都具有相反的意思。

（板书：相反）

【设计意图：这个环节中，以收入和支出、零上温度和零下温度、高于海平面的海拔高度和低于海平面的海拔高度三组意义相反的量为例子，为学生正确全面地构建负数概念提供了有效的支撑。】

（三）自主探究，用正负数正确表示

1. 符号表示具有相反意义的量。

师：为了表示这种相反的意思，我们选择了一些具有相反意义的词来表达这种意思（零上、零下，海平面以上、海平面以下，收入、支出），但是总觉得有些麻烦，把这些汉字擦掉可不可以？

生：不可以，擦掉意思就变了。

追问：你能想一个办法，既不采用汉字，又能把这种相反的意思简洁地表达出来吗？试一试。

学生说思路。

思路一：图画。

收入和支出是一组相反意义的量，用图画很直观地表示收入和支出。

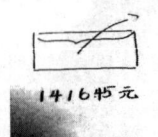

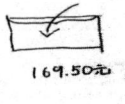

思路二：符号。

师：为什么用"+""-"表示表格中的数量？

（"+"表示增加，"-"表示减少，它们本身就表示一种相反的关系）

小结：不管是用图画还是符号，它们都是用来表示具有相反意义的量。

为了交流方便，同时遵循数学简洁的原则，统一规定用正号和负号来表示这种相反意义的量。

收入169.5元　　记作+169.5元　　支出1416.45元　　记作-1416.45元
零上20摄氏度　记作+20摄氏度　零下20摄氏度　　记作-20摄氏度
海拔8846米　　记作+8846米　　海平面以下154米　记作-154米

【设计意图：通过学生的自主学习活动，体验负数产生的价值。】

2. 揭示正负数概念

师：在数学里，我们选用这样的"+""-"符号来表示具有相反意思的量。我们将+169.5、+20、+8844这样的数叫作正数，将-1416.45、-20、-155这样的数叫作负数。只要具有相反意思的量我们都可以用正数或负数来表示。这节课我们就来认识负数。（板书课题）

师：生活中有哪些情况，可以用正数和负数表示？

向东走500米，记作+500米　　　向西走500米，记作-500米
电梯上升5层，记作+5层　　　　电梯下降5层，记作-5层
考试得20分，记作+20分考试　　扣20分，记作-20分

学生汇报，教师记录。正数放一列，负数放一列，揭示正负数概念，板书。

师：把正号擦掉行不行？那负号可不可以擦掉？为什么？

【设计意图：学生已经相对稳定地建立起负数的概念，此时联系学生的生活实际，运用负数的意义，通过让学生举例来全面强化负数概念。】

（四）拓展练习，加深负数的认识

1. 标温度，认识0是正负数的分界点。

师：我们知道温度经常用正数或负数表示。看看2018年1月14日4个城市的最低气温。请在温度计上画出这4个温度（只写数不用写单位）。

师：读出这4个温度，说一说你是怎么找到的。

问题：它们是同一位置吗？你是怎样想的？

师：从表中我们看到北京的最高气温是-4℃，上海的最高气温是4℃。

师：温度的划分以什么为标准？（0）

生：以0为分界线。

理解0既不是正数也不是负数。

2．认识数线，整体认识正数、负数、0三者的关系。

师：如果把温度计横过来放。你还能找到这4个温度吗？

师：我们用一条数线来表示温度计。

依次读数，观察这些数据，你发现了什么？

预设：0的右边是正数，0的左边是负数。

越往右越来越大，越往左越来越小。

正数和负数是一一对应的。

【设计意图：为了帮助学生进一步丰富对负数的感知，上面的教学活动与温度计的情境有关，引导学生体会0是区分正数和负数的界限。同时，这样做还有利于学生体验数的抽象过程,使他们进一步理清正数、负数和0三者之间的关系。在此基础上，运用数线给予学生无限的想象空间，丰富负数的外延。】

六、教学效果和评价

（一）评价方式

1．知识与技能

检测内容：

1）试一试。

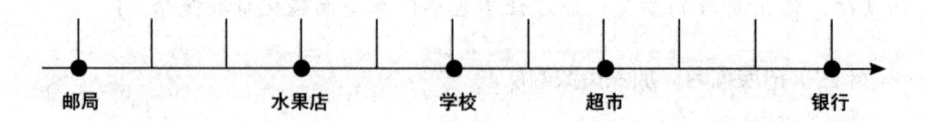

邮局　　　水果店　　　学校　　　超市　　　银行

（1）从学校向东走200米到超市，记作：+200米，从学校向西走200米到水果店，记作：(　　　)。

（2）从学校向东走500米到银行，记作：(　　　)，从学校向西走500米到邮局，记作：(　　　)。

（3）看上图，你还能知道什么？

2）练一练。

运动员编号	1	2	3	4
与平均身高比	+13cm	-8cm	-11cm	+24cm

（1）这几名篮球运动员中，身高最高的是（　　）号运动员，身高最矮的是（　　）号运动员。

（2）从表中，你还能知道什么？

2．过程与方法

能否积极参加每个环节的活动，并且是否有表达自己想法的欲望。

3．情感态度与价值观

（1）课堂表现是否积极、主动，能够全身心参与。

（2）是否能够自觉克服学习中遇到的困难，并体验到成功。

（二）评价量规

评价内容	具体表现	评价标准 A	B	C
知识与技能	在具体情境中，学生能够体会并具体描述负数的含义。			
	厘清正数、负数和0之间的关系。			
过程与方法	主动参与活动，并且是否有表达自己想法的欲望。			
情感态度与价值观	课堂表现是否积极、主动，能够全身心参与。			
	是否能够自觉克服学习中遇到的困难，并体验到成功。			

七、教学反思

（一）捕捉生活素材，理解概念的本质

正负数是表示相反意义的量。生活中大量存在的相反意义的量是学生学习负数的已有经验。为了让学生对负数这一概念的本质有准确的理解，我精心捕捉了生活中的三组素材：收支、温度和海拔。这些都是学生比较熟悉的

现实生活素材，这样把认识负数的本质放到了具体的现实情境中，学生对负数的认识从一开始就抓住了"相反意义的量"这一核心来理解，这是概念的本质核心所在。

（二）亲历负数产生过程，培养学生的符号感

在这一环节中，我先请学生记录具有相反意义的三组数量。学生采用了单纯的数据、文字加数据、图标或符号加数据等多种形式，充分展现了学生对情景问题的深入思考。在出现了这么多记录方法之后，我让大家评价一下这么多记录方法。学生马上发现，原来的数据在记录时不能清楚地表示意思，而运用添加文字和各种图标表示时只有自己能明白其中的意思。此时，我引导学生思考"你的记录方法我明白，他的记录方法他明白，而数学符号是数学的语言，是帮助人类进行交流的工具，怎样表示才能让大家都明白呢？"学生自然产生了一种需要，要找到一种大家都能看明白的数学符号的需要。此时，大家一致认为学生用正负号表示既清楚又简单，大家一目了然。这样，让学生在记录数据这一活动中产生了认识的冲突，体验了负数产生的需要，也感悟了负数的意义和价值。通过几种记录的强烈对比，从文字、带有方向的箭头、正号和负号的认识过程，不正是教师引导学生经历一个符号化的过程吗？让学生亲历负数产生的过程，在解决不断产生的认知冲突过程中，学生感悟正、负数的意义，体验着由具体到抽象的符号化、数学化过程。

（三）巧用温度计，渗透数形结合思想

在这一环节中，我将横着的温度计转化为横向的数线。以数线为抓手，借助直观图像，有利于引导学生体验数的抽象过程，使他们进一步厘清正数、负数和0三者之间的关系，丰富正负数的内涵。同时，通过可移动位置的小括号和随即带来的"这里可以填几"三步紧紧的追问，引发学生思辨，进而使他们充分感知以下几点：研究的对象中不只有整数，还有小数；负数的个数是无限的；正数的个数是无限的；数线上越往左，数越小，越往右，数越大。正数和负数是一一对应的。这一环节给予了学生无限的想象空间，丰富负数的外延，完善了数系，发散了学生的思维，使他们建立了正确数的表象，进而帮助他们形成完整的认知结构。

《生活中的负数》教学设计

北京市通州区西集镇中心小学 陈 洁

一、指导思想与理论依据

本课是京教版数学四年级下册第六单元《生活中的负数》中的内容。它是在学生认识了整数、自然数、分数和小数的基础上进行教学的。通过对负数的认识，使学生明白"数"不仅包括正数，还有负数，扩充学生所认知的数域，从而使学生初步形成一个完整、系统的数概念。该内容的学习，不仅为本单元的后续学习做好准备，还是七年级上册进一步学习负数的重要基础。

《义务教育数学课程标准》(2011年版)中要求：在熟悉的生活环境中，了解负数的意义，会用负数表示日常生活中的一些量。

二、教学背景分析

（一）教学内容分析

通过京教版与人教版教材的比较发现：人教版教材中《负数》是六年级下册的内容，题目简单明了，充满数学味；京教版《生活中的负数》是四年级下册的内容，题目点明了数学与生活的联系，体现了生活味。从两个版本教材内容上看，两者都是从生活实例引入，表明负数在生活中处处存在，体现了负数在生活中的重要作用。

通过对教材内容、京教版与人教版教材比较以及课程标准的分析，我认为应从生活中的负数入手，让学生在生活情境中了解负数的意义。

（二）学情分析

四年级的学生，具有一定的知识基础：认识整数、自然数、分数及小数；认知水平与能力达到了一定水平：具有一定的发现、观察、比较的能力；对

数，就这样认识

于负数他们有一定的生活经验：如电梯上的负数，温度计上的负数等。但是，学生正式接触"负数"还是第一次。因而，为了更好地了解学生已有知识经验，我进行了如下学情分析。

前测内容：

你听说过"负数"吗？请举例说明。（了解学生在生活中积累的"负数"的知识经验）

"上升6米，下降10米。"

①像这样的例子，你能再举一个吗？（了解学生是否能举出生活中相反意义的量的例子）

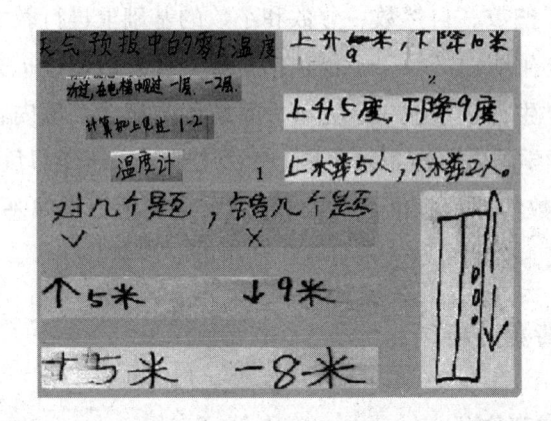

②对于你举出的例子，你能想出更简洁的方法表示吗？（了解学生是否能用"+""-"来表示生活中相反意义的量）

前测结果分析：

1. 统计如下：

见过负数	没见过
88.2%	11.8%

分析：所有听过或见过负数的同学，都能举出温度和电梯中的例子或者做减法计算被减数小于减数，不够减的例子；有6名同学可列出1-2=-1这样的式子。

2.

举例准确	举例不准确
58.8%	41.2%

用"+""-"表示	个性表示	不会表示
23.5%	49.0%	27.5%

分析：80%以上的同学对负数有了解，并在生活中积累了一定的经验，对温度计和电梯中的负数有一定了解。虽然55%以上的学生在生活中已经积累了相反意义的量的例子，还有23.5%的学生能用"+""-"来表示相反意义的量，但他们不能将已有的知识、经验与"负数"建立起直接联系，理解负数的意义。

基于以上教材和学情分析，我有以下几点思考：

1. 由生活情境引入，对接学生生活经验，让学生在情境中感受负数产生的必要性。

2. 运用任务驱动法，让学生借助几何直观，感受相反的意义并体会"0"的价值与作用。

3. 让学生经历"具象—抽象—具象"的过程，深化对负数的认识。

三、教学目标与重难点

（一）教学目标

1. 在具体情境中感知相反意义的量，了解负数的意义，掌握正负数的读写法，会用正、负数表示一些生活中具有相反意义的量，体会"0"的分界的作用与价值。

2. 在熟悉的生活情境中，感受负数产生的必要性，通过画一画、观察、比较、交流感悟等活动培养学生的抽象概括能力。

3. 体会正负数与生活的密切联系，增强应用数学的意识和热爱数学的情感。

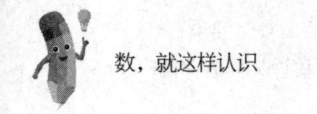

（二）教学重难点

教学重点：了解负数的意义，能用正负数表示生活中具有相反意义的量。
教学难点：体会"0"分界的作用与价值。

四、教学思路

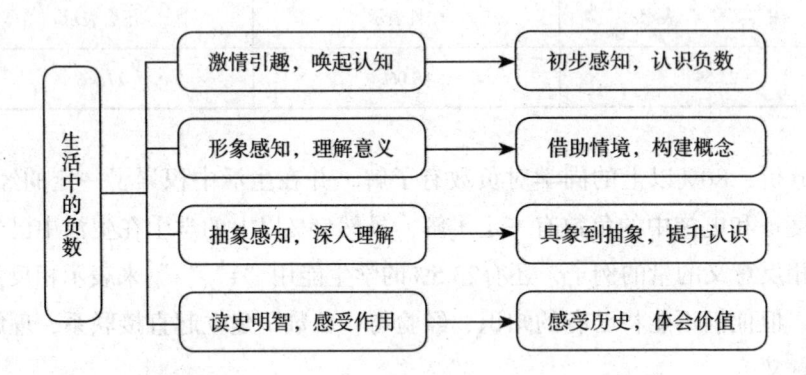

```
                    ┌─ 激情引趣，唤起认知 ──→ 初步感知，认识负数
                    │
生活中的负数 ───────┼─ 形象感知，理解意义 ──→ 借助情境，构建概念
                    │
                    ├─ 抽象感知，深入理解 ──→ 具象到抽象，提升认识
                    │
                    └─ 读史明智，感受作用 ──→ 感受历史，体会价值
```

五、教学过程

（一）激情引趣，唤起认知

故事引入：

一个悠闲又舒适的周末，猪妈妈要带佩奇和乔治去逛商场，姐弟俩一听兴奋地跳上妈妈的车，一起哼着小曲出发啦！它们玩得可开心了，可一不小心佩奇走丢了，可着急呢。佩奇灵机一动，想起妈妈的停车卡在自己这儿，自己可以去那里等妈妈。佩奇看了看停车卡上写着"-2层"，便坐着电梯来到2层，这里根本没有车。佩奇委屈地坐在地上哇哇大哭起来……

①任务驱动，引发思考：
到底哪里出了问题？同学们能不能帮帮佩奇？
预设：-2层表示地下二层。
追问：你是怎么知道的？（初步感知负数的意义）
你知道地下楼层是怎么表示的吗？这些数你认识吗？

【设计意图：讲学生所感兴趣的数学故事，激发学生的学习兴趣。联系学生生活实际，理解2表示地上2层，-2表示地下2层，初步感知体会相反意义，感受负数产生的必要性。】

②尝试写几个负数，读一读。

如：-7、-2.4、-$\frac{2}{5}$；+15、+7.9、+$\frac{8}{9}$

【设计意图：认读正、负数。】

③佩奇由于不认识负数，才走反了。大家对负数还有哪些了解呢？你还在哪里见过负数呢？

【设计意图：让学生回忆生活中的情境，唤起已有生活经验。】

（二）形象感知，理解意义

1. 活动要求：任选一个负数，画一画或者写一写，表示出它的意思。
①独立思考、完成。
②组内交流。

【设计意图：画一画，利用直观图重现生活情境，帮助学生建构负数的概念。】

2. 互动分享。

（1）楼层中的负数。

小组代表讲述示意图：这条黑色加粗的线代表地面，向上面数3个格，记为3层；向下数3个格，记为-3层。

①小组介绍想法。
②互动交流、质疑。

追问：地面这条横线是什么意思？用什么表示？

【设计意图：突出地面是区分正、负数的分界线。引出地面可以用0表示，地面上的楼层用正数表示，地面下的楼层用负数表示。】

（2）温度计中的负数。

小组代表讲述示意图：某天哈尔滨的最低气温是-30℃。温度计上每个小格代表5℃，每个大格就是10℃，在0℃往下数了3个大格，记为-30℃。

①生生交流、互动、质疑。

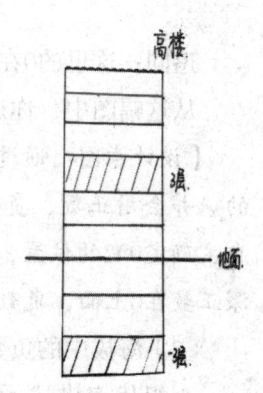

数，就这样认识

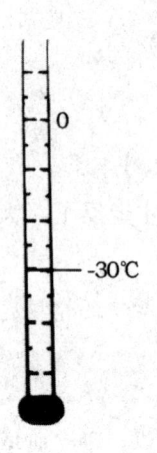

（引导：体会30℃与-30℃的体感，感受两个数的大小关系）
②出示温度计教具（见下图），让学生表示温度。
请你在温度计上分别找到6℃、-15℃、-32℃并说一说你是怎么找的。

追问：这里的0在哪里？为什么？（体会0的作用价值）
从这幅图中，你还能读出哪些信息？

【设计意图：通过熟悉的温度，让学生体会温度相反，人体感受也是相反的。并会用正数、负数来表示相反的温度。借助没有刻度的温度计，让学生自主确定0℃的位置，引发冲突，重新选择0℃的位置，体会0℃的重要性。加深正数在0上面，负数在0下面，0是正数和负数的分界点这一知识点的认识。】

（3）海拔中的负数。
小组代表讲述示意图：红色线代表海平面，珠穆朗玛峰的海拔高度是8848米，记为+8848米，表示高于海平面8848米；紧邻吐鲁番盆地南部山麓的最低部分艾丁湖面记为-155米，表示低于海平面154米。

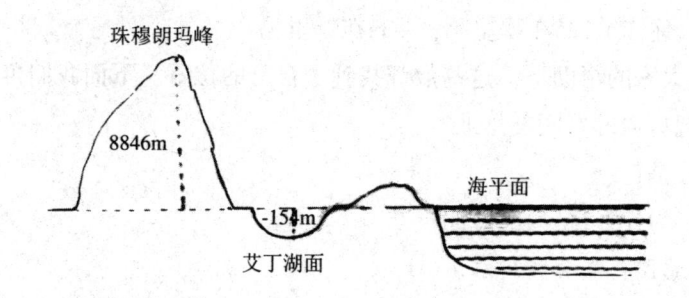

珠穆朗玛峰
8846m
海平面
-154m
艾丁湖面

① 生生交流。

追问：分界线怎么表示？

【设计意图：理解海平面的作用，可以用0表示，了解海平面以下是负数，海平面以上是正数。】

（4）小结。

同学们真会观察生活，找到了这么多的负数。我们来看一看这几幅图有什么共同点。

【设计意图：对比、观察、发现直观图的共同特点，学生自主总结归纳对负数的认识与理解。】

预设：

A. 这几幅图都有一条分界线，可以用0来表示。

B. 0是正数和负数的分界线。

C. 正数和负数可以表示生活中相反意义的量。

D. 负数<0<正数。

（三）抽象感知，深入理解

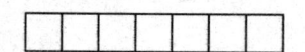

1. 老师这里有一些数字卡片（-10，-6，-5，…0…10），请你帮忙在熟悉的数学小工具——数直线上，摆一摆。

【设计意图：通过自己动手去摆，体会数与点的一一对应关系。】

追问：为什么先摆0呢？

【设计意图：体会"0"的价值与作用。】

数，就这样认识

追问：你知道125在哪里吗？ –32在哪里吗？

2．在大家的帮助下，这些数都找到了自己的位置。下面我们再帮它们找找好朋友吧！–1的好朋友是谁？

预设：是1。

追问：为什么1是–1的好朋友？

【设计意图：体会相反意义。】

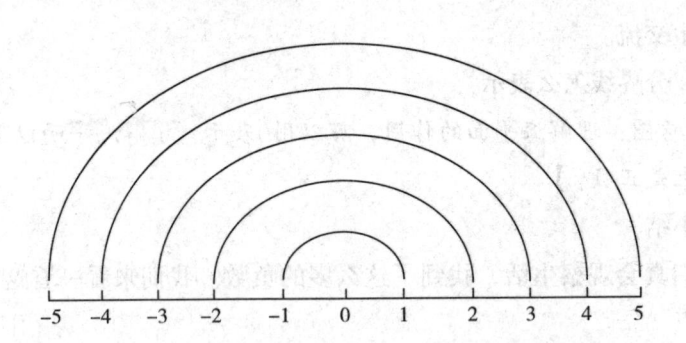

我们把两个好朋友连起来，观察这些数，你发现了什么？

预设1：0是正数和负数的分界线。

预设2：正数和负数是一对一对出现的，它们两个是相反的，一对一对地数，到0的距离都相等。

预设3：0的右侧都是正数，左侧都是负数。

预设4：左右两边的点关于0对称。

预设5：数越往右越大，越往左越小。

……

【设计意图：通过找朋友的方法，感受正数与负数的对应关系和相反意义。】

3．同学们，当你们再次看到0的时候，你能想到什么？

预设1：0是正数和负数的分界线。

预设2：0是冰水混合物的温度。

预设3：0是地面。

预设4：0是海平面。

……

194

【设计意图：再次体会0的作用与价值，1和–1、2和–2等成对出现，让孩子再次体会"相反"的意义。】

再看这里的–2和2，你又能想到什么？

预设1：2是地上2层，–2是地下二层。

预设2：2是2℃，–2是零下2℃。

预设3：2是向东走2步，–2是向西走两步。

预设4：2是得2分，–2是失2分。

……

【设计意图：赋予抽象的负数生活的意义，让学生经历由具体到抽象再由抽象到具体的过程，深化对负数的认识。】

（四）读史明智，感受作用

我们利用自己的智慧，为佩琪解决问题。佩奇下定决心以后要和大家好好学习数学知识，像大家一样注意观察生活，用心思考，解决问题。为了表达自己好好学习的决心和对大家帮忙的诚挚感谢，佩奇找到了负数的历史资料和大家分享：

课件动画演示负数产生的历史过程：中国是世界上最早运用负数的国家。早在两千多年前的《九章算术》中，就有关于正数和负数的记载。在古代，人们为区别正数和负数，常用红色筹码表示正，黑色筹码表示负，叫作"正算赤，负算黑"。如今这种方法在记账的时候还使用，只是反过来了，用黑色数字表示正，红色数字表示负。所谓的"赤字"就是这样来的。而西方人是负数的过程则格外漫长：1544年德国数学家史替费尔把负数称为"荒谬"。直到1637年负数才逐渐被大家认可。（畅谈收获和感受）

【设计意图：以小猪佩奇的故事结尾，在育人方向上引导孩子努力学习，勇于探究习惯的形成。了解负数的发展历史，感受负数给人们的生活带来的便捷，体会负数存在的价值和作用。】

总结：通过本节课，相信大家对生活中的负数有了初步的了解，在咱们的生活中还有更多的地方应用负数，希望大家用自己发现的眼睛去观察生活，发现生活中的更多有趣的数学知识。

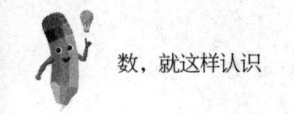

六、教学效果和评价

1. 以故事引入，激发学生学习兴趣和解决问题的欲望，体会负数产生的必要性。

2. 本课主要源于生活，从生活中的负数引入，通过学生自主绘图，重现生活中的负数。经历画一画、分享、观察、对比、感悟、归纳总结的学习过程，从生活中的相反到用数学符号来表示相反意义的量，找到正数与负数的分界线"0"，体会"0"的价值与作用。让学生切身感受负数给生活带来的便捷，体会负数存在的价值。

3. 学生通过体验由这些数抽象到数直线上的过程，感受数与点一一对应的关系，负数与正数成对出现，体会相反意义。将目光指向0，再次感受"0"的不同意义与价值；依次让1和-1，2和-2成对出现，加深理解相反意义。

七、教学反思

通过京教版和人教版教材的对比，我发现二者都注重在生活情境中认识负数。而课标中同样要求在熟悉的生活情境中了解负数的意义，因而，我将本课重点定位在具体生活情境中去了解负数的意义，而没有更加深入拓展。

但是，京教版教材中，负数内容处于四年级下册；人教版教材中，负数内容处于六年级下册，直接与初中阶段的有理数教学进行衔接。《义务教育数学课程标准》（2011年版）7—9年级要求：理解有理数的意义，能用数轴上的点表示有理数，能比较有理数的大小。这对学生抽象理解负数有更高层次的要求。

考虑到要做好小学阶段知识与初中阶段学习的衔接，我利用数直线，将正、负数在数直线上进行梳理，让学生观察发现正、负数大小关系及数与点之间的一一对应关系，为初中进一步学习有理数做铺垫。

是完全贴近生活还是抽象到数轴中认识负数，我在不断修改教案、不断试讲的过程中，探索到教学方法，但在不断的探索中还存在困惑，希望与大家共同探讨。

《"数的认识"整理与复习》教学设计

北京市通州区贡院小学　张雪英

一、指导思想与理论依据

《义务教育数学课程标准》(2011年版)指出：数学活动经验的积累是提高学生数学素养的重要标志。帮助学生积累数学活动经验是数学教学的重要目标，是学生不断经历、体验各种数学活动过程的结果。

华罗庚教授告诫我们，读书要从薄到厚，又从厚到薄。复习重在从厚到薄，建构知识网络。

因此，本节课着重通过组织活动激发学生的思考来组织教学，从而达到建构知识框架、沟通知识联系、发展思维、积累思考经验的目的。

二、教学背景分析

（一）教学内容分析

《"数的认识"整理与复习》是京教版《数学》六年级下册第四单元总复习的内容。本节课是数与代数领域的"数的认识"总复习的第一课时。这部分内容是在学习了整数、小数、分数、负数等数知识的基础上进行复习的，通过本节课的复习帮助学生对"数的认识"知识进行查漏补缺，建立起数知识之间的联系，形成知识网络。今后学生步入初中还将继续学习有理数、无理数等数的相关知识，因此小学阶段这部分内容的复习将为初中的学习打下坚实的基础。

数，就这样认识

京教版教材：

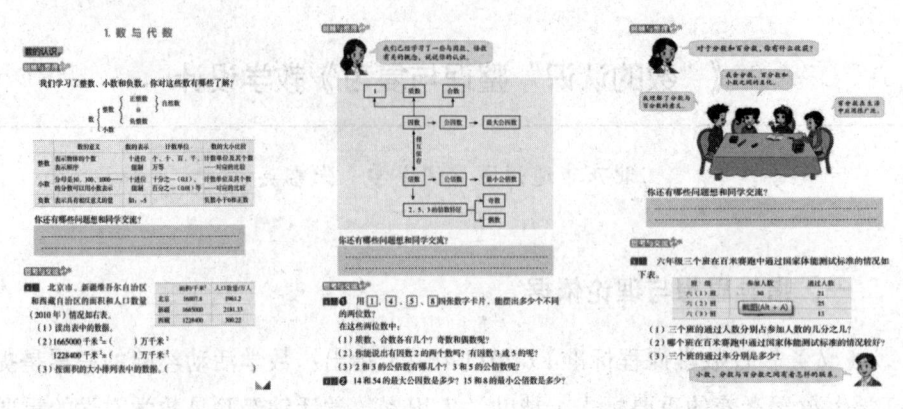

教材中对这部分知识的复习是分三个维度来进行的："整数、小数和负数""因数和倍数""分数、百分数"，旨从单一的表示数的角度、表示关系的角度、既表示数又表示关系的角度进行系统复习，通过分类、建立联系、理解意义等多种活动来帮助学生巩固数的知识，积累经验。

（二）学情分析

学生已经认识了整数、分数、小数、负数、百分数，掌握了数位、计数单位、分数单位等有关数的概念，能结合实际理解各种数表示的意义、会给单一的某种数进行分类，了解一些数之间的关系，会在实际生活中运用数等，这些都为本节课的复习奠定了知识基础。

但是数的概念相对抽象，内容相对广泛，学生在数的学习过程中由于每类数大多是以单独教学为主，学生到底是怎样认识这部分知识的？为了了解学生的真实情况，我对34名学生进行了前测，前测形式是用自己喜欢的方式整理"数的认识"知识。

学生作品

1. 前测分析

学生都是用思维导图的形式来整理这部分知识，他们有意识地在给数进行分类，能主动地去建立数与数之间的关系，但是很多学生整理的内容不够全面，甚至有的学生对"数认识"的内容具体包括哪些不太清楚，他们对数与数之间的理解融通是不够的，这部分知识在他们的心中还是零散的、碎片状的。

2. 我的思考

作为总复习课，我认为除了像教材安排的那样从各个维度来系统地复习外，第一节课还应该帮助学生从宏观的角度认识这部分知识，建立起知识框架，串联起各种数之间的联系，从而才能使知识更加系统化和结构化。

那么，怎样建立数的知识框架？如何串联数之间的联系？我认为可以从数的意义和数轴的角度，引导学生讨论交流从而为数进行正确分类，建立起知识框架；再借助数的核心概念"计数单位"串联起数之间的联系，帮助学生正确认识各种数之间的异与同，从而达到温故知新的复习目的。

数，就这样认识

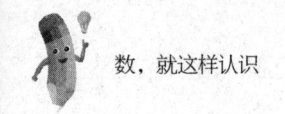

三、教学目标与重难点

（一）教学目标

1．经历对小学阶段所学各种数知识的整理过程，能结合各种数的意义及数轴对所学的数进行不同的分类，建立有关数知识的框架。

2．借助计数单位建立各种数之间的联系与区别，感受计数单位的重要作用。

3．在分类和建立各种数之间联系的过程中，发展数学思维，渗透分类和数形结合的思想。

4．体会数在生活中的应用，感受数学的价值，培养数感。

（二）教学重难点

1．建构数知识的框架，沟通各种数之间的联系。

2．对各种数进行正确分类。

四、教学思路

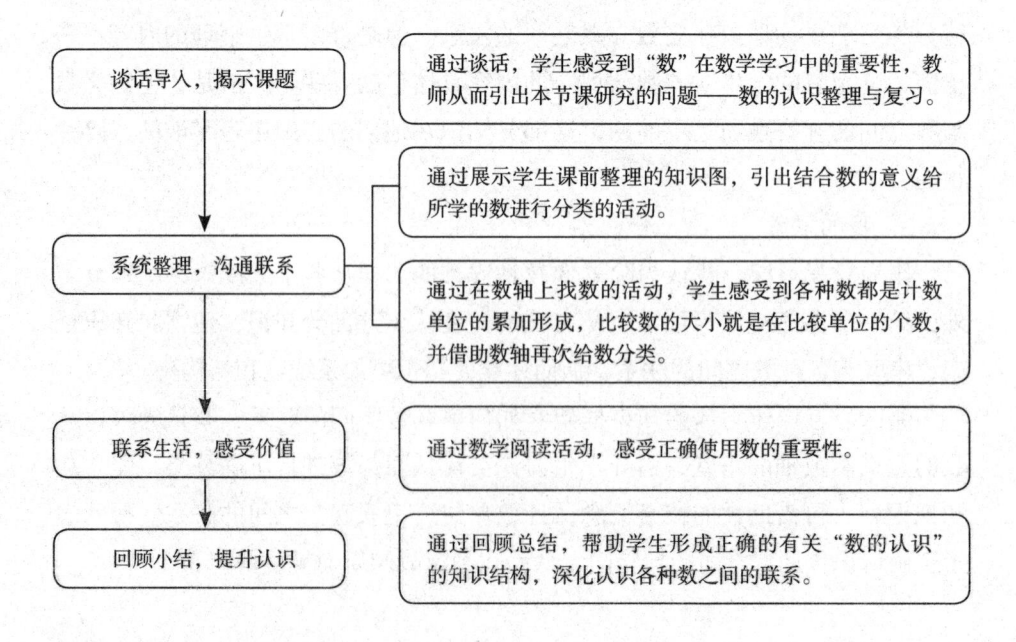

环节	内容
谈话导入，揭示课题	通过谈话，学生感受到"数"在数学学习中的重要性，教师从而引出本节课研究的问题——数的认识整理与复习。
系统整理，沟通联系	通过展示学生课前整理的知识图，引出结合数的意义给所学的数进行分类的活动。
	通过在数轴上找数的活动，学生感受到各种数都是计数单位的累加形成，比较数的大小就是在比较单位的个数，并借助数轴再次给数分类。
联系生活，感受价值	通过数学阅读活动，感受正确使用数的重要性。
回顾小结，提升认识	通过回顾总结，帮助学生形成正确的有关"数的认识"的知识结构，深化认识各种数之间的联系。

五、教学过程

课前，学生结合自己的认识用喜欢的方式，进行系统整理。

【设计意图：通过让学生整理所学的数知识，一方面唤起学生对所学知识的记忆，为课堂上的交流做准备，另一方面也是教师了解学情，实施课堂教学的依据。】

（一）谈话导入，揭示课题

学习了六年的数学知识，你认为什么知识是学习数学的基础？（数）这节课我们就对小学阶段学过的"数的认识"的知识进行一次系统的整理和复习。

【设计意图：开门见山，直接揭示课题，使学生感受到"数"知识的重要性。】

（二）系统整理，沟通联系

1. 汇报"课前整理"

在几天前，大家用自己喜欢的方式对数的知识进行了梳理，哪位同学愿意把你梳理的情况与大家进行交流。

在整理数知识的过程中，你对数的知识还有什么困惑吗？

【设计意图：通过展示学生课前整理的思维导图，既使学生体验成功的喜悦，也为学生之间对这部分知识产生共鸣和分歧提供样本，同时暴露学生存在的问题，激发学生的问题意识，为接下来的活动做好铺垫。】

2. 建构数的分类

（1）我们学习了很多的数知识，咱们来说一说都认识了哪些数吧。

生说师随意摆放。

提问：这么多的数摆在这里，你有什么感觉？

【设计意图：一方面使学生感受到所学的数知识很多，另一方面任意摆数，给人杂乱无章的感觉，让学生产生分类的想法。】

（2）你能根据它们表示的意义，把它们分分类吗？

小组讨论，汇报交流。

随着学生分类的向前进行逐渐从黑板上拿掉从属的概念。

数，就这样认识

重点处理：小数与分数之间的关系。

追问：小数表示的意义是什么？它与分数之间是一种什么关系？整数与自然数的关系是什么？

举例：0属于是什么数？5呢？-5呢？自然数和整数是什么关系？谁包含谁？

归纳：

$$数：\begin{cases}整数\begin{cases}正整数\\0\\负整数\end{cases}\left.\begin{matrix}\\\end{matrix}\right\}自然数\\分数\\（小数）\end{cases}$$

小结：通过分类，我们发现原来这些看上去形态各异的数原来只有两种。

【设计意图：学生通过给数分类，加深认识了各种数的意义，从数的意义上建立了各种数之间的联系与区别，在心目中建立起的"数知识"的框架图，从整体上对数的知识有了新的认识。】

3. 沟通数的联系

数虽然有分类，但是不同的数之间是否存在着相同的关系呢？

（1）4、$\frac{3}{5}$、0.6、8、-3、0这些数能表示在数直线上吗？

出示数直线：

这些数中你认为首先要表示出哪个数来？

【设计意图：感受0在数直线上的重要性，同时为数轴的形成奠定基础。】

（2）出示活动要求：选择其中一个或几个数表示在数直线上；每条数直线可以只表示一个数；同桌互相说一说你是怎样表示的。

学生独立表示数。

a. 整数

追问：在找这几个整数的过程中有什么相同点？

重点理解：先找到的是1，然后一个1一个1地数。

提问：如何表示其他整数呢？在数直线上找整数的过程中，你发现了其实这些整数是怎样形成的？

小结：整数其实就是1在不断累加而形成的。

b．分数

追问：如果表示 $\frac{4}{5}$，$\frac{2}{7}$ 呢？在数直线上找分数，先找到什么？

理解：在数直线上找分数都是先找到几分之一，然后几分之一几分之一地数。在找分数的过程中，你发现了其实所有的分数都是怎样形成的？

小结：分数都是几分之一地累加。

c．小数

提问：整数是1的累加，分数是几分之一的累加，那小数呢？

追问：如果找0.08呢？0.018呢？数直线上的小数都怎样找？

理解：在数直线上找小数都是先找到0.1、0.01、0.001等，然后分别0.1、0.01、0.001地数。

提问：在找小数的过程中，你发现了什么？

小结：小数就是0.1、0.01、0.001地累加。

提问：那百分数呢？（百分之一百分之一地累加）

总结：所有的数其实都是怎么形成的？（单位的累加）

小结：不同的数是由不同数的计数单位不断累加而形成的。

【设计意图：借助数直线，通过在数直线上找数的活动，使学生感受到任何一种数都是单位的累加形成的，体会单位的重要作用，从计数单位的角度建立起数之间的联系。】

（3）当我们在数直线上规定了原点，方向和一个单位长度后，它就形成了一条数轴。

把这些数表示在数轴上。

a．你能估一估4在哪里吗？那8呢？

如果表示200可以吗？

可以向左延长吗？想象延长的样子。

在这个屏幕上试试找到200，如不能怎么办？

【设计意图：从数直线过渡到数轴，提升了学生的认识，感受到数轴的特点，同时领悟到数轴上的单位是可以改变的，发展了学生的思维。】

b. $\frac{3}{5}$在哪里？0.6呢？为什么在同一个点上？这个点上还可以用哪个数表示？（60%）这三个数一样吗？为什么？

小结：虽然数的大小相同，但是由于计数单位的不同，因此数表示的意义、呈现的形式也不同。

【设计意图：进一步体会计数单位的重要作用，从计数单位的角度加深认识各种数之间的联系与区别。】

c. 4和8哪个数大？为什么？

如果是$\frac{3}{5}$和$\frac{2}{5}$呢？

数的比较实际比较的是什么？

小结：数的比较就是它们计数单位及其个数一一对应的比较。

【设计意图：体会数之间大小的比较比的是计数单位的个数，多角度理解计数单位在数知识中的重要性。】

d. −3在哪里？

现在请你观察数轴，如果从数轴来看数的分类，你觉得数又可以分为几类呢？

【设计意图：从数轴的角度再次给数分类，感受不同的分类标准呈现出不同的分类结果，完善"数的认识"的知识结构。】

（三）联系生活，感受价值

仔细阅读一封被病毒感染的电子邮件，结合情境把其中的数重新归位。

"同学们大家好！我是贡院小学六年级的一名学生。我们班有1.72名同学。我很喜欢运动，前不久我参加学校组织的长跑比赛，参赛人数有27.5人，我得了第一名，并获得了一个高−25厘米的奖杯。由于我喜爱运动，身高已经达到36米了。我最大的愿望就是长大后能去南极，登上企鹅岛，和小企鹅密切接触，但是南极洲非常寒冷，那里的年平均气温只有20℃。你们有和我一样的愿望吗？就让我们现在努力学习，为实现自己的梦想而努力吧！"

【设计意图：通过数学阅读活动，使学生感受到正确使用数的重要性，体

会数在生活中的应用价值,激发学好数学的兴趣。】

(四)回顾小结,提升认识

通过今天的学习你对"数的认识"领域又有哪些新的认识?

小结:其实有关数的知识还有很多,希望大家在今后的初中学习中去了解更多数的知识,感受数的神奇。

六、教学效果和评价

方式:后测题。

检测题目:

1. 把下面的几个数分一分类,说一说你的分类理由。

   23、6.5、-2、0.48、80%、$\frac{2}{5}$、0、1

2. 找合适的数填空。

   20%   1.65   -15.7   68 $\frac{2}{10}$ 10   0.2   27

张军读七年级,他身高有(　　)米。他妈妈说今年寒假要带他去在哈尔滨的外婆家玩。听说那里一月份的平均气温只有(　　)摄氏度,那里(　　)的小孩子很喜欢冰雕。他外婆今年(　　)岁了,还经常带着一个高(　　)米的保温杯参加户外锻炼呢!

七、教学反思

复习课显然不是"重复+练习",它有很多的功能,温故知新就是其中的一个重要的功能。本节课是小学阶段关于"数的认识"的总复习,通过复习帮助学生建构"数的认识"的知识框架,建立起知识之间的联系,既温故又知新,同时帮助学生积累思考经验是本节课的重要目的。

(一)先行复习,激活已有经验

"数的认识"是数学的奠基。在小学阶段"数的认识"的学习是循序渐进、分散进行的,这部分内容所涉及的知识非常广泛。由于是总复习课,有些知识学习的时间较长久,很多学生已经淡忘了,另外"数的认识"知识到底都包括哪些内容有些学生还不清楚，因此，在上复习课之前我为学生布置了前置任务——先自己整理"数的认识"的内容，一方面学生在梳理的过程中唤起了已有的记忆，为本节复习课中与他人交流奠定了基础，另一方面也在学生的心中建起了一个他认为的知识框架。再通过课堂的学习，在旧经验的基础上产生新的领悟。

（二）动手实践，建构数的分类

《义务教育数学课程标准》（2011年版）指出：学生学习应当是一个生动活泼的、主动的和富有个性的过程。从数的意义上的角度让学生先在小组内给数进行分类和整理，是让学生经历将知识由点到线的梳理的过程，这既有利于学生理解概念、沟通知识间的联系，又有利于培养学生自主学习能力，同时让学生在小组中进行数学交流，这是一个展现个性思想、相互启迪、促进共同发展的过程，然后再全班交流，使学生的思维不断深入，在本节课尤其体现在"小数和分数的关系"上，通过组与组之间的对话，学生逐渐明白二者的关系。这样的学习使学生经历了将知识进行梳理、系统、浓缩的过程，不仅完成由线到面的整体认知结构，而且使学生充分经历、体验了将书由厚读薄的过程，学生在完善认知结构的过程中掌握学习方法，发展数学思考能力，领悟数学思想，提升学习品质。

（三）巧用数轴，串联数的联系

"数形结合"能将抽象的数学概念通过直观的手段表现出来，是学生学习数学最好的方式之一。而"数轴"往往能直观地表现出数的特点。在本节课中，通过让学生把你喜欢的数表示在数轴上这一活动，直观地感受数与数之间的联系。

首先，怎样表示出的这些数？整数是一个一个数出的，分数是几分之几分之一地数出的……虽然大家表示的数不同，但是却发现了共通的地方，那就是都是单位的累加形成的；其次，在同一个点上为什么可以表示不同的数？借助直观表现能看出它们的大小相等，形式不同，通过深入思考从而理解计数单位的不同，意义就不同，表现形式也就不同；再次，怎样比较两个数的大小？直观地看与离0的远近有关，深入思考后发现比较大小其实比较的是计数单位的个数。这样借助数轴巧妙地把计数单位串联在一起，计数单位的串联，使整数、小数、分数有了联系，深化了学生已有的对"数的认识"知识的积累。

总之，这节复习课帮助学生从分类的角度建立了"数的认识"知识框架，借助计数单位建立了数之间的联系，使学生在原有经验的基础上有了新的提升。

数，就这样认识

第四章　教学策略

整数的教学策略

北京市通州区潞苑小学　贾晓辉

一、在情境中认识整数

教学情境是指在课堂教学中，根据教学的内容，为落实教学目标所设定的，适合学习主体并作用于学习主体，产生一定情感反应，能够使其主动积极建构性学习的教学环境。数学来源于生活，发展学生的数感离不开学生的生活经验。因此，在教学中，教师要充分利用学生身边的数学学习素材，努力唤醒学生已有的生活经验，并向学生展示数的概念的现实来源和实际应用，创设有助于学生理解数学的教学情境。

在进行《1—5各数的认识》的教学时，教师创设了欢快、温馨、富有童趣的"儿童乐园"情境，学生兴趣盎然地数出了1个太阳、3个秋千、4盆花、1个游乐场……这些无一不是他们生活中常见的东西，这样的情境使他们体会到数学无处不在。之后，再让学生找一找身边的物体并数出来。如，1本数学书、1根小棒、1捆小棒、1个班级、1所学校……这样的教学，帮助学生理解了"1"既可以表示1个很小的物体的个数，也可以表示1个很大的物体的个数，渗透了"1"中有多，多中有"1"的思想。

由于联系了学生的生活，数学变得看得见、摸得着，学生在已有经验的基础上加深了对1—5各数的理解，也会体会到数学的有趣、有用。

数学学习就是引导儿童"重新解读"生活中的"数学现象"，在原有认知基础上进行总结与升华。课程规定的数学知识,在一定程度上是一种"旧知识",因为儿童的数学体验早就有了。上学之前,他们跟随父母一起乘车、购物,知道几点起床,几点上学,会数手指,在游戏中数数……这些活动与经历使他们获得了最初的数量概念,虽然这些概念可能是非正规的、不系统的、不严格的,甚至还可能是错误的,但恰恰就是这些亲身体验,为他们开始正规学习数学奠定了重要基础。因此,教师应该着力沟通数学与生活的联系,将数学问题转化到学生的生活背景下进行讲解和运用,从而提高学生的理解能力和运用能力。

进行京教版第一册69页《10的再认识》一课的教学时,教师创设了学生喜闻乐见的生活场景——1盒冰激凌、1盒小印章、1包铅笔,学生在数一盒有10个冰激凌、一盒有10个小印章、一包有10支铅笔的过程中,发现生活中很多时候都是把10个物品包装在一起的。此生活情境的设计不光是为了激发学生学习的兴趣,更主要的是激活学生原有的认知经验,顺应学生的思维,为后面学习"10根小棒捆成1捆变成1个十"做了很好的铺垫,从而让学生初步感受十进制。因而,教师在教学中要创设生活情境让学生在自主探究的过程中体验数的意义和作用,让学生把握数概念的本质,初步培养学生的数感。

在数学与生活的融合过程中,不仅应注重数学问题生活化,也应注重生活问题数学化。具体而言,教师在课堂教学中,一是要联系学生的生活实际,适时引入现实生活中的数学题材,展示所学知识的实际背景和来源,让学生体会数学知识的产生、形成和发展过程,获得积极的体验,感受数学的价值。二是要巧于把生活中有关整数概念的问题转化为数学问题进行思考和解答,引导学生充分利用学生已有的整数概念、知识经验和已熟悉的事物,从生活原型出发去体验其与整数概念知识之间的联系,从而促进数学知识的积累。

在进行《万以内数的认识》练习环节的教学时,可以出示一包500张的A4纸,先请学生估计一千张A4纸有多少,学生既能说出一千张A4纸有2包那么厚,还能用小手比画出一千张A4纸的大约高度。再请学生估计一万张A4纸有多少,孩子们片刻思考后,都认真地用小手一节一节边比画边数着"一千、两千、三千……一万",还有两个孩子每人数了五千后把他们的手接在了一起,大家纷纷说出了一万张A4纸大约厚度是1米多。最后,教师请学生用尺子测量了500张A4纸的厚度并推算了一千张、一万张A4纸的厚度应该是100厘米

数，就这样认识

或1米。此环节的估算，不仅激发了学生学习兴趣，对一万有了更加深刻的认识，还使学生积累了估算方法，发展了学生的数感。

二、在游戏中认识整数

热爱游戏是儿童的天性，在玩游戏时孩子们全身心地投入其中。低年级的小学身上更是明显，在游戏中他们心无旁骛，认真得就像钻研工作的科学家一般。因此，教师在教学中若能发挥游戏与教学融合的最大效力，那么教师和学生都能轻松愉快地教学与学习。变数学学习为游戏，教师可以根据儿童的思维认知特点多设计一些有趣的活动，在游戏中玩转数学，让孩子们在有相当难度的挑战中获得成功的快感，从而在体味到游戏趣味性的同时，增进对整数概念部分知识的认知与理解，提升学习的有效性。

在教学《100以内数的认识》时，可以创设这样的情景图：一群羊在草地上吃草，要求学生数一数一共有多少只羊？开展看谁数得又快又准的游戏。数的结果就会出现这样的几种情况：逐一地数；分组数；10只10只地数。学生进行数数展示后，教师提出问题：通过刚才的数数活动，你有什么发现？有的学生会说出：一只一只地数，数着数着就乱了；数感强的学生会总结出：10只10只地数比较快，还不容易出错。此时，教师要紧紧抓住学生的这种对计数原则的感悟进行发掘整理，让学生讨论为什么10只10只地数不容易出错，然后告诉学生，在数数的时候我们给满10只的数找一个位置，让数满10只的数都放在这个位置上，这个位置就是我们学过的"十位"。

游戏活动具有启真、启善、启美的功能，游戏是小学生学习数学的一种重要的活动形式，学生可以在游戏中学习数学、运用数学、发展数学。数感的培养就是学生对数的概念的敏感性培养，它需要在更多的机会中得到发展。单纯的训练学生容易厌倦，提不起精神，而游戏是儿童的最爱，以数学游戏的形式来发展学生对数的认识的理解是快乐又富有成效的。

在《万以内数的认识》教学活动中组织猜数游戏，能帮助学生很好地在具体情境中把握数的相对大小关系。

比如一个同学说："我想了一个几千几百的数，你们能猜中吗？"学生甲逐一猜数：3500、3600、4100……

显然，无章可循，很费周折。

学生乙则提出几个问题，比较迅速地找到答案。

"这个数比5000大吗？""对！"

"这个数比7000大吗？""不对！"

"这个数比6000小吗？""对！"

……

可见，这种游戏活动，在让学生体会数的大小的同时，还能学到一种问题解决的策略，其中包含着朴素的"区间套"逐步逼近的思想。

三、借助多种模型理解数的意义

在教学时，我们可以运用多种模型帮助学生理解数的意义，建立数的概念，比如说：计数器、数位顺序表、"方块"模型等。在数学教学中，运用计算器和计算机等先进技术，可以为数学教学提供一种新的学习环境，使数学思想形象化，使学生亲历数学知识的形成及建立模型、探索规律的过程。把教师从单一的教学任务中解放出来，运用丰富的形式呈现教学内容，与学生一起探索各种猜想。

学生在计数器万位上拨数，一万一万地数，数到十万，并得出十个一万是十万后，可以借助多媒体上的方块模型帮助学生感受十万的大小，并在一、十、百、千、万、十万这种点、线、面、体的变化中，帮助学生在头脑中建立相应的计数单位的映像，对学生理解计数单位和位值制有很大好处。

四、在绘本中认识数

数学绘本在小学数学低年级段数概念的教学中有着极大的发挥空间，它既可以大量地改变重组，单独成为一个别致的数学教材；也可以依托传统教材，进行二次改编，成为辅助传统教材进行教学的一颗亮眼的"珍珠"；更可以作为孩子的课外读物，大量进入学校与家庭生活，给孩子以广阔丰富的数学智力背景，从而加深学生对数概念的自主体验与积极探索，并在师生、生生、亲子互动交流中，使认知与情感两种体验有机结合。

低年级的数学绘本，通过数数的历史、算式中的符号、数的分解与组合、10以内的加减法等主题加强孩子们的数学思考力。数学绘本是一本像照片一样美丽的图画书，更是一本有魔力的故事书，在一幅照片中为学生将世界万

数，就这样认识

物的道理和规律，讲孩子们能懂的秩序和方法，还讲数学的故事。其中充满了在生活中方方面面的最初的最浅的最好玩的最实用的数学知识数学概念，教师通过选择合适的好的数学绘本，给孩子讲故事，让孩子们在其中收获各种积极的情感体验。同时，在美妙的故事里，打开孩子的心智，唤起孩子们懵懂的数学感觉。

低年级段的孩子们由于文字表达的能力较低，他们无法很好地运用文字来表达自己的数学看法。在给孩子们大量接触数学绘本以后，可以鼓励孩子们学会以写绘的方式表达数学语言，让孩子们尝试进行创作，制作一本属于自己的数学绘本。基于这样一种方式，学生在学习过程中获得亲身体验的、独特的、隐性的收获。让学生更多地从"做"数学中体会、感悟，更好地掌握基础知识与基本技能，并形成良好的思维品质和独特的活动经验。并在"做"数学中，融通抽象的数与具体的数量之间的关系，体会到抽象的数字的魅力，让学生爱上数学、爱学数学、爱用数学。在孩子们作品完成之后，教师可在其中选择部分有创意、有特色的学生作品进行公开展示，张贴在班级的风采栏中让学生共同欣赏，欣赏数学的奇妙，数学的美，激发学生学习数学的兴趣。

五、在解决问题中巩固学生对数的认识

苏联教育家赞科夫说过："从学生生活经验中举出的例子，将有助于他们把所学习的概念跟日常生活中十分熟悉的事物建立起联系来。"学生只有把所学知识与生活经验联系起来，才能更好地掌握知识、内化知识。因此，培养学生对数的认识还要让学生更多地接触和理解现实问题，有意识地将现实问题与数量关系建立起联系。

在《大数的认识》的教学中，教师可以让学生进行大数目的估计。比如，估一估一本语文书有多少个字？一摞纸有多少张？一袋大米有多少粒？……学生一般很少会凭空估计，大多数学生都能自觉地把要估的数平均分成若干份，数出其中的一份是多少，再看大数相当于一份的多少倍。当学生把一份的数量与大数进行比较时，观察并感受到大数相当于小数的几倍，既体会了大数的多少，同时也了解了大数在现实生活中的应用。在这样的训练中，学生不仅评估的能力得到了提高，对数的感知能力也会逐步提高。

参考文献

[1] 倪芳, 吴正宪. "11~20各数的认识"教学实录与评析[J]. 小学数学教育, 2016 (Z1): 15-17.

[2] 斯苗儿, 江萍, 丁杭缨. 从"千字文"到三张数字卡片——"1000以内数的认识"的材料选择与教学改进历程[J]. 小学数学教育, 2015 (7): 25-30.

[3] 张齐华. 顺势而为水到渠成——《认识整万数》教学设计与思考[J]. 教育视界, 2015 (4): 18-22.

分数的教学策略

北京市史家小学通州分校　武海深　王彦华　许　博

从小学阶段的内容结构来说，分数的认识包括五个阶段。第一阶段：学习平均分；第二阶段：初步认识分数，重点通过把一个物体平均分来认识整体与部分的关系；第三阶段：学习分数的意义和性质，此时的单位"1"由一个物体拓展到多个物体；第四阶段：分数与除法的关系，从度量角度看，分数作为运算的结果；第五阶段：学习分数与比，分数的意义被拓展到可以表示部分与部分的关系。

北京基础教育研究中心的张丹教授指出分数意义的理解应关注以下两个基本维度：数与比；四个方面：比率、度量、运作、商。数与比是指分数表示的是一个量或者率。当其作为一个量时，既可以表示分数单位的累积，也可以表示分数转化为除法之后运算的结果。当其作为一个率时，既可以表示部分与整体的关系和部分与部分的关系，也可以表示一个运算的过程。

分数，在小学数学中有着重要意义，它承载着与除法、比之间串联的作用；拥有数量与分率的双重含义；同时还拥有不同分数单位，不同的进制等特征。那么我们教学时应该如何针对分数这些特点开展教学？如何把握分数初步认识和分数的意义之间的差别？如何在三年级和五年级进行适时的教学模式？下面就来谈谈自己的一下想法。

一、突出平均分，关注分数的产生需求

从整数到分数是"数"概念的一次扩充。无论在意义上，还是在读、写法上，分数和整数都有很大的差异。学生初次学习分数，会感到有一些困难，因此在教学中通过形象直观的材料及学生的动手操作，帮助学生理解一些简单分数的具体含义，建立初步的分数概念，为进一步学习分数和小数打下基础。平均分是学生认识分数的基础，学生能够用整数表示事物的数量，能够按照要求平均分给定的事物。同时学生在生活中也常常遇到一些分东西的事情：如两个人分一个馒头，每人一半；过生日时几个人分一个蛋糕，每人一块；四个人分一个苹果，每人一块……只不过多数学生还不懂得用"数"表示所分得的数量。分数的独特之处还在于不但能够记录分的过程，还能记录分的结果。

分数的概念比较抽象，学生学起来可能较为困难。因此，在教学过程中要创设学生熟悉的感兴趣的情境，从简单的生活实例入手，形象地讲解分数的概念，使学生在主动的操作活动中感悟并理解分数的含义。"平均分"是初步认识分数的基础，是产生一个分数的前提。教学一开始，可以通过分月饼的问题情境，唤起学生对"平均分"的回忆，由整数引出分数学习，为学生认识分数打下基础，使学生明白把一块月饼平均分成两块，每块是半个，不能用整数表示，需要用一种新的数表示这样的一份或几份，这种新的数就是分数，从而自然地引出分数。学生的思维一下子被调动起来了，有的学生说是0.5，还有的学生说是$\frac{1}{2}$。可见学生对分数的认识并不是空白，在需求中自然而然地进入到了分数的学习之中。

二、数形结合，直观建构分数模型

初学分数，自始至终注重学生的多种感官参与的实践活动，让学生参与折一折、画一画、涂一涂、想一想等活动，将数与形结合起来理解分数的含义。多花一些时间认识$\frac{1}{2}$这个分数，通过动手操作、动脑联想生活中的$\frac{1}{2}$，在学生头脑中多角度建立起$\frac{1}{2}$的模型。在学生充分认知的基础上，形成了对

分数的自主建模，同时也为形成对其他分数的迁移做了充分的准备。还要关注学生完整有序的数学表达，提升思维能力。在感受同样大小的正方形纸折出 $\frac{1}{4}$ 时，对于学生中出现的各种有道理的想法和观点，都给予积极的肯定，鼓励他们在学习活动中充分展开推理和想象。在学生意见出现分歧之时，利用直观课件进行平移验证。

到了五年级，我们开始学习分数的意义，此时单位"1"的范围发生了变化，由三年级的一个物体，逐渐扩充为将多个物体看成一个整体。对单位"1"这个"标准"的理解是学生学习的难点，教师应引导学生通过直观表现逐步抽象出分数模型。并且给出明确的分数意义，即把单位"1"平均分成若干份，表示这样一份或几份的数叫分数。此时，量的属性和率的属性进行区分也是学生理解的难点，教师可以通过逐步抽象的方式，渐渐淡化分的整体，体会只要把单位"1"平均分成几份，表示几份，就是几分之几。

在进行《分数的意义》的教学时，首先让学生利用折一折、画一画等方法表示出 $\frac{1}{4}$，学生对分数来源于"平均分"已有比较深刻的认识。学生有的把一个长方形平均分成4份，表示这样的一份；有的把一个圆平均分成4份，表示这样的一份；还有思维更加发散的学生，把8块糖平均分成4份，表示这样的一份……虽然用的"形"不同，但初步感受单位"1"的目的达到了。不过此时学生的潜意识里还是认为分数都是比1小的数，所以对整体单位"1"的认识和理解会有一定的难度。这时，继续利用数形结合策略充分理解单位"1"的含义。

然后出示12朵花，如果得到它的 $\frac{1}{4}$，你觉得怎样表示？通过小组讨论交流，学生展示汇报思维图：把12朵花平均分成4份（每3个圈成一份），表示这样的一份就是 $\frac{1}{4}$。这时引发学生质疑单位"1"不同，怎么都能表示出相同的 $\frac{1}{4}$？学生们结合 $\frac{1}{4}$ 这一分数，仔细观察之前出现的"形"，总结出：虽然单位"1"不同，但平均分成的份数是相同的，所以都能得到分数 $\frac{1}{4}$。此时的"形"发挥了第二次作用——更深入理解单位"1"。"形"的第三次作用——确定分母。把展示的12朵花任意平均分，你还能得到什么分数？通过小组活动，学生在图中表示出 $\frac{1}{2}$，$\frac{1}{3}$，$\frac{1}{6}$，$\frac{1}{12}$ 等分数，而且通过讨论交流得出结论，即单位"1"相同，如果平均分成的份数不同，得到的分数也会不同。这一步安排两个环节：首先，纵向对比，通过用单个物体表示1/4来唤醒学生的已有知识和经验，再表示多个物体的 $\frac{1}{4}$，前后一对比让学生意识到，这两个都是 $\frac{1}{4}$，可是分的整体变了，以前一个物体是一个整体，现在一些物体仍然可以看成一个整体。其次，横向对比，为什么物体的个数都不一样，同样都可以表示 $\frac{1}{4}$ 呢？使学生意识到，作为分数只需要关注份数与总份数，从而使学生的思维走向抽象，也为下一个环节做铺垫。

三、观察比较，拓展单位"1"的概念

理解单位"1"是认识分数意义的教学重点，也是难点。单位"1"是分数产生的基础，对单位"1"的理解是抽象出分数的本质特征、深刻理解分数意义的关键，因此在人教版、北师大版、苏教版教材都安排了单位"1"的概念教学。由于单位"1"是一个非常抽象的概念，还是一个不定量的数学概念，学生要完全理解是比较困难。尤其在三年级初步认识分数时，学生接触的素材大多是将一个物体平均分，对五年级全面理解单位"1"造成了困扰。针对这一难点，教师可以采用直观教学和比较分析的方法，帮助学生由一个物体作为单位"1"的认识拓展到一些物体作为单位"1"的认识。

（一）直观教学，学会合起来看的观察方法

由于学生容易囿于前经验，将单位"1"等同于一个物体，而难以将一些物体抽象为单位"1"。此时教师可以先借助一些物体的直观图形，教会学生分开看与合起来看两种不同的观察方法来具体感知单位"1"。例如教师可以利用魔方作为直观教具，分开看是27个同样大的小正方体，合起来看是一个完整的魔方。然后过渡到教材上的实物图，让学生采用合起来看的观察方法，把4个苹果视为一堆苹果，进而抽象出更完整的单位"1"的概念。

（二）比较分析，建立单位"1"与份数的联系

把一个物体作为整体学生是认可的，可是要把多个物体看成整体学生是很难接受的，以往只是教师很生硬地强加给学生，却不是学生出自内心的认可。在教学中可以让学生利用手中的学习材料来和以前的分数形成对比，让他们发现它们的本质区别，并主动地寻找好的词汇去表述，这时候单位"1"就会应运而生。

四、对比辨析，感悟分数是份数与整体的关系

在分数意义的教学中，学生经历了多次对比，即相同分数不同单位"1"的对比，相同单位"1"不同分数的对比，分子相同分母不同分数的对比，相同对应量不同分数的对比和相同分数不同对应量的对比，在对比中使学生进一步理解单位"1"、分子、分母的实际含义，从而理解分数的本质意义。

概念中所说，把单位"1"平均分成若干份，表示这样一份或者几份的数是分数。这个很不好理解，虽然学生总是说，把一块月饼看成单位"1"并平均分成4份，其中的一份就是 $\frac{1}{4}$ 。但就是抽取不到具体的语言描述。其实这个概念的总结不是这节课的重点，重点是理解。学生对五年级所说的分数的认知困难在于，以前的一个变成了好几个，甚至是不可数的了，这里面的个数总是与份数混淆，学生总是把分数理解为个数是份数的几分之几，而不能以抽象的思想理解份数是总份数的几分之几。这里学生最容易出现几个层次的错误：理解为个数占总个数的几分之几；理解为个数占总份数的几分之几；理解为份数占总个数的几分之几。如何强化分数表示的就是份数占总份数的几分之几是个难点，因此本环节要充分关注学生的想法，利用学习材料来分层呈现学生的错误，抓住错误组织好学生去争论去理解，从而理解到部分与整体的关系，部分与个数之间的关系。让学生意识到分数也是数，和其他的数一样也是可数的，它也是单位的累加。

综上所述，可以对三年级《分数的初步认识》和五年级《分数的意义》进行一些归纳：三年级教学分数初步认识时，应该更侧重分数从除法而来，更加强调平均分，分的整体是一个物体，而且可以对分数的群体单位"1"及分数单位做适当的渗透。到了五年级，首先，我们要注意单位"1"范围的扩

大，也就是群体单位"1"的教学；其次，分数单位及与分数单位相关的不固定进制关系同样是教学的重点与难点；接下来，我们还要注重分数与除法关系，与比的关系与区别，这样就能有效地帮助学生进行区分和对比。

分数教学在小学中占有不可忽视的地位，准确地把握教材，针对自己的学情进行教学，是每位教师最重要的教学准备。

百分数的教学策略

北京第二实验小学通州分校　晁倍倍　李海英　闫润恒

《百分数的意义》一课属于概念教学范畴。概念是思维的细胞，准确把握概念是正确判断的必要条件。科学地进行数学概念教学是提升学生学科素养的重要保障。然而，对于概念的教学，教师总感到困惑重重。对于学生来说，获得一个数学概念通常有两种形式，一种是经历概念的形成过程，即通过很多实例，归纳出概念本质；另一种是对概念的"同化"，即利用原有认知结构中对概念的认识，实现对概念的完善与建构。本节课紧紧扣住百分数的"现实意义"这一出发点，既实现了经验与数学的对接，又让学生经历概念的形成过程，让百分数的"现实意义"成为学生撬动概念本质的支点。数学知识的"生活化"，数学活动的"真经历"，数学认知的"主动建构"，真正做到了把课堂还给学生！

一、加强学情了解，让教有的放矢

学生是学习的主体，学生的已有认知水平是教学活动的出发点。因此，我们必须明确学生的起点究竟在哪里。为此，我们对六年级学生进行问卷与访谈，发现学生在电视新闻、食品包装、服装标签等地方见过百分数，而且会读写百分数，只是对百分号（%）的写法有些问题。我们在调查学生对"百分数的意义"是否理解时，发现学生多是结合具体事例进行说明，或者是结合分数的意义进行解释，有个别学生会借助画图来解释含义。由此可见，学生对"百分数的意义"有了一定的认识，尽管这些认识可能是肤浅的、不全面的，但这正是教师必须关注并充分利用的学生认知现实。但是我们发现学生的这些理解还多是停留在表面上，知其形而不知其义。我们都知道数学概念的认知是教学难点，常常会出现：一节课上完了，学生对概念还是说不清道不明，这是因为学生没有从真正意义上理解所学内容。学生是否理解一个概念，不在于能否说出它的"定义"，而在于能否把握概念的本质特征，能否在具体情境中正确运用概念解决问题。我们的数学教学是为了学生的发展，因此，我们教师必须以学习者的角色去读懂学生，只有知道什么知识为学生所需要，才能为学生提供所需要的知识。

二、紧密联系生活，让数落地有声

数是从生活中抽象出来的，为了帮助学生理解数，我们需要和学生一起再次回归到生活中，去寻找它具体的丰富的含义。现在的学生生活是丰富多彩的，他们接触到的世界是五彩缤纷的，对生活的感知也是有独特理解的。我们在课堂上所创设的情境，选取的素材同样需要贴合学生的生活实际。有时候我们会发现学生的触角伸展得要比我们想象的开阔、高远得多。让学生去生活中寻找百分数，我们教师再对这些素材进行甄别、筛选，加以有效利用，这样学生走进生活，教师走进学生的内心，教有针对性，学有积极性，这样的课堂教学才能向真教、实学的目标迈进。华应龙老师在教学《百分比》时，针对自己为什么选择"足球"这一情境，这样说道："许多孩子都对足球感兴趣。他们差不多都有自己崇拜的球星，这个球星是多少号，有什么嗜好，他们简直如数家珍。教师将对孩子极具吸引力的足球与数学学习巧妙结合起来，引领孩子们进入数学的园地，是件十分有趣的事。"

每一个学生都有他独特的生活世界，不同的学生汇聚在一起，自然就会拼凑出一幅比教师的想象更宽阔的认识图景。在教学环节中，我们所选择的一些素材，比如蛋白质含量、近视率、水资源等，无不来自于学生收集的资料。可以说，是他们的视野拓展了教师的视野，进而拓展了课堂的视野。而这些素材的引入，在某种意义上，丰富了学生对于百分数"数学意义"的认识，也让学生真切感受到数学学科与其他学科之间所存在的天然联系。

数，就这样认识

三、加强数形结合，让学直观形象

数与形的有效结合，让学生对百分数的认识从"生活化"走向"数学化"，加深对百分数意义的理解。在后续的学习中，我们知道"百分率、折扣、纳税、利息"等都与百分数有着十分密切的关系，只有真正理解百分数的意义才能更好地解决与之相关的实际问题。在听课过程中，发现很多教师在教学中多是让学生口头表述信息中所出现的"百分数"，学生会照着教师给出的句子结构模型，准确说出所表示的意义，但是这样反复操练，学生记住的只是百分数意义的格式，只是生搬硬套，有的学生前言不搭后语，连语句都说不通顺，稍有变化就无从下手。究其原因，其一是学生的数学语言概括能力有限，要他们用精确的语言来表达千变万化的百分数确实不是一件容易的事，最主要的是学生没有真正理解百分数的意义。为此，我们建议在教学中借助直观几何，帮助学生建构意义。张齐华老师《会说话的百分数》一课中，利用这样两幅图（图1、图2），帮助学生直观地感知到百分数的具体意义。

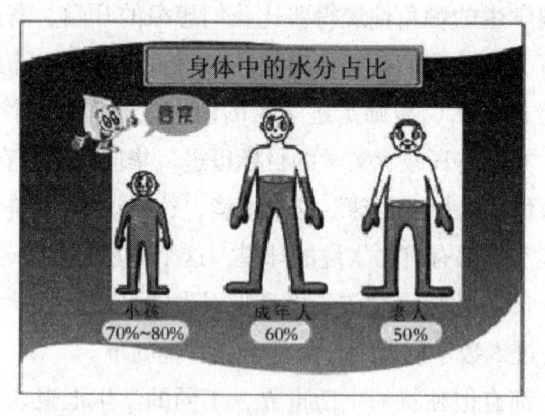

图1

图2

四、加强知识联系，让探准确定位

奥苏伯尔认为，所谓有意义是指观念或知识之间的非任意的和实质上的联系。非任意的和实质上的联系是指这些观念或知识与学习者原有认知结构中的某一方面有联系。从这个意义上说，意义建构在本质上就是联系的建构。就百分数概念而言，其与学生原有认知结构建立联系的方式有两个方面，一是纵向的意义建构，即对百分数概念的细化与抽象；二是横向的意义建构，即沟通百分数与分数等知识间的内在联系，完善认知结构。也基于此，本节课的练习特别强调让学生在解决问题的过程中主动将百分数与分数等相关概念联系起来，实现横向的意义建构。以学生熟悉的生活现象为载体，把不同层次的问题巧妙地整合成一个有联系的问题帮助学生在参与数学思维活动的过程中，深刻感悟百分数的本质内涵，理清百分数与分数的联系与区别，真正实现概念的意义建构。特级教师牛献礼在进行《百分数的意义》的教学时，对"百分数与分数的不同"，有这样的精彩片段：

师：百分数和分数比较有什么不同？首先在意义上跟分数比较，有什么不同？

生：百分数的分母是永远不变的，而分数的分母是可以变化的。

师：按这个同学说的，百分数的分母始终是多少？

生：100。

师：但是分数的分母就不一定是100。这样说可以吗？

生：可以。

师：第二个不同是什么？

生：分数是几分之几，百分数是百分之几。

师：这个同学说的跟那个同学说的有相同的地方。分数怎么读？

生：几分之几。

师：我们把百分数读成——

生：百分之几。

师：从这个同学的回答中，我们可以看出，百分数和分数的读法还是有点不一样的。中国占多少？

生：40.3%

师：非常好!读百分之四十点三，不要读成一百分之四十点三，这跟分数是不一样的，同意吗？

生：同意。

师：第三个不同呢？

生：就是百分数用的地方多，而分数不太常用。因为有时候我们比较起来，分数难比较，而百分数容易比较。

师：他从百分数的一些特征上来说明，百分数便于比较，分数就没那么好比较，是吧？但是分数可不可以比较呢？

生：可以。

师：好，这是第三个不同。第四个呢？

生：百分数后面有个百分号，分数不是，分数中间有一横，这个地方不相同。

师：好。第四个不一样叫写法不同。

生：一个是分率，另外一个是百分率。分数是分率。

师：其实，我们学的分数，既可以表示一个数是另一个数的几分之几，就是他说的分率，同时也可以表示一个具体的数量。生活当中很多这样的应用。但是百分数只表示一个数是另一个数的百分之几，所以又叫作百分率。生活当中看到的百分数后面通常加不加单位啊？（生：不加）不加单位，它只表示一个数是另一个数的百分之几。这又是一个不同，还有什么不同？

生：我觉得，如果把百分数化成分数，下面这个分母永远都是100，而分数的分母是可以变化的。

师：就不一定是100了，是吗？这个同学说的话也有道理，他实际上在告诉我们，某些百分比比如3.4%，分子上写的是小数。我们刚刚看到$\frac{38}{100}$，它的分子、分母可以约分。但是百分数能不能约分？

生：不能。

师：一约分的话，分母就不是100了，是吧？正是因为百分数的分母规定是100，分子就有可能出现3.4，38，还可能出现像这幅图上那么多的小数这种情况。

生：分数和百分数的单位不一定相同。

师：单位？分数单位不一定相同？具体一点说。

生：比如说，50%在分数里可以写成 $\frac{2}{50}$、$\frac{1}{2}$，它们的分数单位是 $\frac{1}{50}$、$\frac{1}{2}$，而百分数的单位都是1%

对于"百分数意义的认识"，如果就定位在让学生会用"表示一个数是另一个数的百分之几"描述具体百分数的意义上就行了吗？教学中，很多学生通过模仿就能顺利说出百分数的意思。事实上，要深入理解百分数的意义，不仅要会解释生活中百分数的具体意义，更要能描述抽象百分数的意义，更重要的是理解百分数是表示两个数量相比的关系。教学的成功之处就在于不仅要使学生"知其然"，更重要的是让学生"知其所以然"。学生经历百分数产生的过程，产生对百分数的需要，应该是这一概念教学课不可或缺的重要部分，也符合概念教学的要求。

参考文献

［1］牛献礼.追求"真正意义上的理解"——"认识百分数"教学思考与实践［J］.小学数学教师，2015（1）：27-31.

［2］张齐华."会说话的百分数"教学实录［J］.小学教学（数学版），2016（9）：24-28.

［3］潘小福.以生为本，创造适合的数学教学——"百分数的认识"教学评析［J］.小学数学教育，2017（Z4）：92-93.

［4］刘松.聚焦核心问题，发展核心素养——《百分数的意义》教学及思考［J］.教育视界，2017（8）：13-17.

［5］张斌，强震球.溯源，为了学生更好地理解——"百分数的意义和读写"教学实录与评析［J］.小学数学教育，2017（8）：70-72.

数，就这样认识

小数的教学策略

北京第二实验小学通州分校　杨　博　呼丽娟

　　数的认识在小学主要分为认识整数、认识分数（正分数）和认识小数三大块。我们知道《义务教育数学课程标准》（2011年版）对数系做了如下规定：

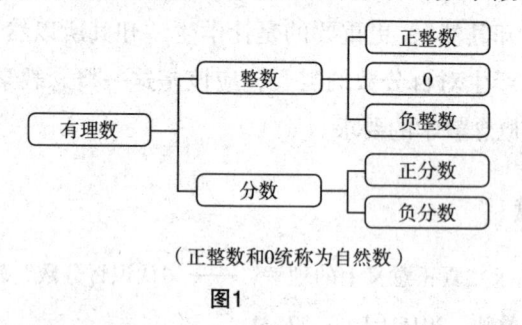

```
有理数 ─┬─ 整数 ─┬─ 正整数
        │        ├─ 0
        │        └─ 负整数
        └─ 分数 ─┬─ 正分数
                 └─ 负分数
```

（正整数和0统称为自然数）

图1

　　小数是我们生活中常见的数，在有理数的范围内的小数实际上是一种特殊的分数表示形式。现在常用的计数制是十进制，它的重要特征是位值制，即写在不同位置上的数字表示着不同的值，而小数的本质就在于"十进位值制记数法"。即当要表示不是整数的数值时，也可用"把原来计数单位1平均分成10份后得到的每份"来计数。这个新的计数单位用"0.1"来表示，以此类推就可以得到0.01、0.001等其他小数单位。由十进分数改写的小数都是有限小数，所有的有限小数都能改写成分数。在小学阶段我们还会遇到无限循环小数，也可以改写成非十进分数。而无限不循环小数不能由分数改写得到，它是无理数的一种表现形式。

　　对于小数概念的引入，其实是建立在学生已有生活经验的基础上，是对分数认识的延伸，例如，0.5可以看作是$\frac{5}{10}$，0.05可以看作$\frac{5}{100}$，0.005又可以看作是$\frac{5}{1000}$……由此可见，小数其实是分数的另一种表达形式。因此对小数的教学一般有两种做法：一是从生活情境出发，二是从表示度量结果的需要出发。

按照《义务教育数学课程标准》（2011年版）的要求，"认识小数"在小学教材中分两段进行编排，在第一学段让学生结合具体的生活情境初步认识小数，并能进行一位小数的加减运算，在第二学段要求学生理解小数的意义，给出小数的定义，扩展数位顺序表建立十分位、百分位、千分位等的概念，并能运用小数的计数单位分析小数的组成、小数的性质和比较大小，会改写小数等。小数是十进分数的另一种表示形式，学生理解小数意义的关键是要把小数和分数联系起来，这也是小学概念教学中的一个难点。

一、利用生活经验，建立小数概念

在生活中我们会经常见到小数，这也是学生对小数的最初步了解，比如0.85元、3.6千米、2.07千克等具体数量，因此对于小数概念的初步引入可以从生活中的具体情境入手，比如让孩子观察购物小票、计价器等，让他们充分感知小数在生活中的作用（见图2）。也可以借助直尺等测量工具，让孩子理解非整数出现的意义。让孩子能利用已有的知识经验理解小数的意义，发现其性质，并进行大小比较，从而对小数从具象认知转化到抽象认知，掌握小数的概念。

语文写字本定价：0.85元
一本书的厚度：3厘米
一瓶矿泉水的价格：1.09元
一口挂钟的定价：285元
一片创可贴的价格：0.1元
一本书的价钱：25.25元

图2

刘延革老师在《小数的初步认识》一课中是这样唤醒学生的已有经验，建立概念的，如下：

师：生活中，你在哪儿见过小数？

数，就这样认识

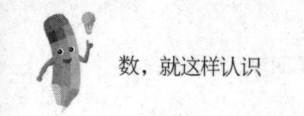

生：超市的价格牌上有小数。

生：菜场上，我也见过小数，比如白菜的价格是几点几元。

生：数学书的背面也有小数，比如我的这本数学书，它的价格是6.54元。

师：既然都见过小数，那会写小数吗？自己试着写几个小数，并试着读一读。（学生尝试写小数，自己读数，然后在全班分享）

生：我写的是 0.3、0.6、2.7、3.9，这些都是小数。

生：我写的是1.8、9.9、3.1415926，这些也都是小数。

师：写得好，读得也对！关于小数，除了会读、会写，你还了解小数的哪些内容？

生：我知道小数中间的那个点叫小数点。

生：我知道小数有一位小数、两位小数、三位小数，等等。

师：能具体举例说一说吗？

生：比如0.5 就是一位小数，0.05 就是两位小数，0.005 就是三位小数。

生：我发现，小数点后面有几个数字，就是几位小数。

师：我们把小数点后面的部分叫小数部分，前面的部分叫整数部分。看来，判断一个小数是几位小数，关键看哪个部分？

生：要看小数部分。

师：关于小数，你还有什么问题？

生：生活中为什么会有那么多小数？

生：小数和我们以前学习的数有什么关系？

生：小数怎么进行大小比较？

生：小数四则运算是怎样进行计算的？

刘老师从日常生活中的小数入手，利用小数点"."引导孩子初步认识小数，尤其是商场产品的价签上。刘老师从小数点的外形上予以介绍，但并不是所有带"."的数都是小数，比如在学生之前见过的数中也有个别学生说"2010.4.5"是小数，有的说"5·12 大地震"中的"5·12"是小数。这种凭借外形判断小数的方式体现了孩子认知的直观性，这就告诉我们在教学中加强对小数点的意义和作用进行详细讲解，有意识地帮助学生理解小数点的存在，并明确小数点左右两侧数字的意义和作用。

二、通过数形结合，拓展小数知识

小数的意义和性质是相对抽象和难以理解的部分，如果在教学中能够数形结合，帮助孩子在头脑中构建小数和具体图形的链接，挖掘和利用概念中的直观成分，可以有效降低教学难度。比如可以借助正方形作为整体"1"，把它平均分成十份，每一份是它的十分之一，也就是0.1（见图3），从而感知小数的意义。在此基础上，可以借助元、角、分等概念建立小数与生活实际的联系，如：1.3元（见图4）如何在图上进行表示，进一步明确单位"1"和小数计数单位的概念。

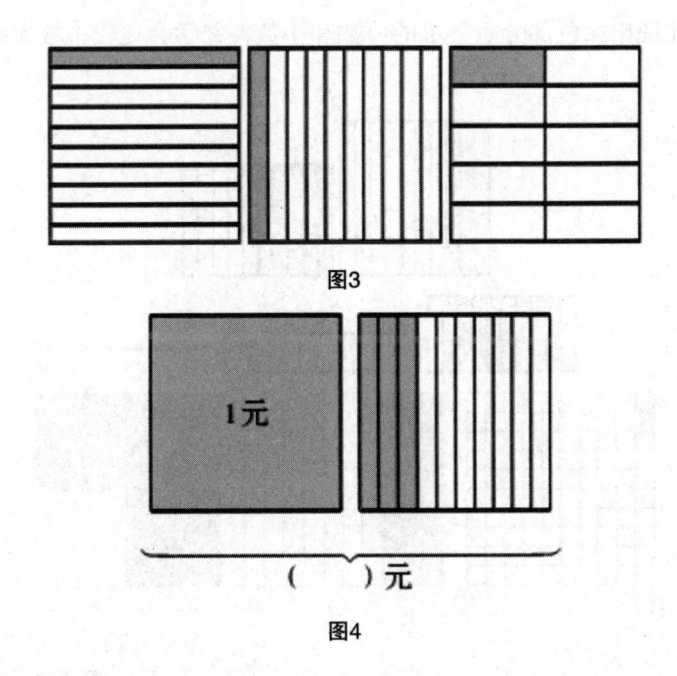

图3

图4

还可以借助直尺来表示零点几米、零点零几米，利用单位线段引出数轴建立点与对应小数的联系等（见图5）。

数，就这样认识

图5

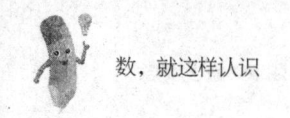

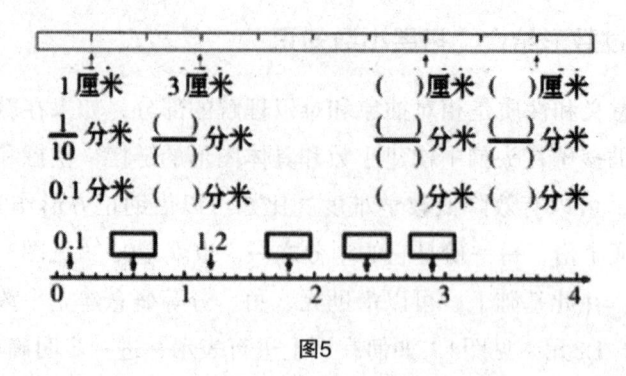

同时，可以利用"图形变变变"的游戏，利用不断变化的图形（见图6），让孩子快速说出涂色部分所表示的分数和小数，并学会比较小数大小。

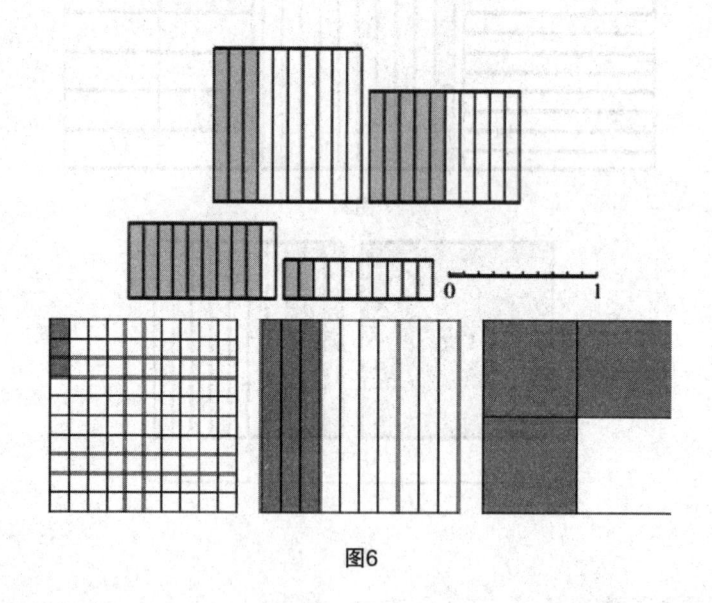

图6

在教学中，我们可以用直观图直接引入对小数意义的理解，更加形象地体会小数和分数的联系，通过图片的呈现方式，实现意义建模，从而便捷地理解"十分之几"就是"零点几"，"零点几"就表示"十分之几"。这些图形结合的游戏和教学策略都有助于学生拓展有关小数的知识。

三、把握小数意义，明确教学重点

小数的意义是小数学习第二阶段的基础，也是小数教学中的重点内容。这部分知识主要是指十进分数与小数的关系，具体来说就是分母是10的分数可以写成一位小数，表示十分之几；分母是100的分数可以写成两位小数，表示百分之几等。在京教版教材中，这部分内容放在了四年级下册第一单元。由于在此之前孩子还没有系统学习过分数的知识，所以在理解小数的"十进制关系"时会有些困难。为了便于学生理解小数的意义，教材中借助立方体的十进关系来帮助学生理解小数的含义，明确小数的计数单位。

对于小数意义的教学，主要有两种思路。第一种是按照从三年级初步认识的一位小数到两位小数，再到三位小数、四位小数等依次逐一进行，让孩子在活动中探究概括出小数的计数单位和相邻两个计数单位之间的进率。第二种是打破这种循序渐进的思路，结合已有的分数的相关知识，抓住多位小数本质上的相通性，以两位小数的意义作为主要研究对象。例如，通过生活实例让学生充分体会十进制分数的实际意义，1厘米是1米的$\frac{1}{100}$，3厘米是1米的$\frac{3}{100}$，15厘米是1米的$\frac{15}{100}$，这样的分数其实可以写成小数的形式，$\frac{1}{100}$米=0.01米，$\frac{3}{100}$米=0.03米，$\frac{15}{100}$米=0.15米，通过生生互动、教师适时引导，便得出百分之几可以写成两位小数，同时根据以上板书，我们就可以发现当分子是一位数的时候，把分子写在小数部分第二位上，小数部分第一位添0占位，分子是两位数的时候，就把分子直接写在小数部分，由此得出：分数和小数只是形式不同，但是本质上是一致的，这样学生就可建立起"小数"的模型。根据这个活动经验，向前可联系一位小数和整数，向后发展到三位和四位小数，学生便逐渐形成比较完整的小数概念和计数方法。

四、融会贯通，建立起小数与整数的联系

我们知道整数与小数的相邻两个计数单位间的进率都是"十"，小数的计数方法与整数计数方法如出一辙。所以在教学中要将整数的计数方法迁移到小数中，为学生在计数的经验和方法上建立联系。在计数的过程中，适时地

数，就这样认识

把整数数位顺序表扩充到小数，使学生逐步在头脑中建构起完整的计数体系。

夏青峰老师在进行《小数的意义》的教学时将小数放在数的体系中，让孩子们感受到数之间的联系。将整数系列中的十进制、数位、位数等知识激活，并顺利地迁移到小数。他是这样教学的：

师：同学们，你们学过数学吗？（生：学过）那老师写一个数字，看你们是否认识。如果谁认识，就站起来说，不用举手。好吗？

（生跃跃欲试。师在黑板上快速写了个1，大部分学生迅速站起来说1，还有几个学生没反应过来）

师：哈哈，看来还真有几位同学没学过数学。

（生笑。师又在1的左边依次写出10、100、1000，学生分别站起来说）

师：发生了什么变化？

生：每次多写了一个0。

生：每次都扩大了10倍。

生：一开始是一位数，然后分别是两位数、三位数、四位数。

生：1先是在个位上，然后跑到十位上，再跑到百位与千位上。

师：太好了。每次多写一个0，就发生了这么多的变化。是不是每多写一个0，就扩大10倍呢？

（师在1的右边写01）

师：增加了一个0，扩大10倍了吗？

生：没有。

生：还是1。

师：同样是增加了一个0，凭什么说它没有扩大10倍呢？

生：因为这个0是增加在1的前面了，要加到后面才扩大10倍。

生：因为这个1还是站在个位上。

师：哦，1还是在个位上。没有扩大。那老师给它加两个0吧。

（师在01的右边写001）

师：现在扩大了吗？

生：还是没有扩大。

生：还是等于1。

师：加了两个0，也没有扩大啊。那老师变个魔术，加一个小点吧。

（教师在01的中间加了一个小点，变成0.1）

生：这是0.1。

师：加了一个小点，它的大小发生了什么变化呢？

生：缩小到原来的$\frac{1}{10}$。

师：凭什么这样说啊？

生：因为0.1就是$\frac{1}{10}$。

（师在0.1的上方写$\frac{1}{10}$。）

（依次学习一位小数、两位小数、三位小数、四位小数）

师：从0.001到0.01，从0.01到0.1，从0.1到1，再从1到10，它们都发生了什么情况？

生：扩大了10倍。

生：它们的进率是10。

师：这边是整数，这边是小数，它们相邻两个单位之间的进率都是10，那上面这些分数呢？

我们不能孤立地认识小数，要融会贯通，沟通知识之间的联系。在学习整数的时候，学生已经掌握了比较整数大小的方法，即计数单位相同，由计数单位的个数决定大小；计数单位的个数相同，由计数单位的大小决定数的大小，这在小数的大小比较中同样适用。但也存在不一样的地方，比如，在整数中，位数多的数一定比位数少的数大（四位数大于三位数），而在小数中未必一定如此（三位小数不一定比两位小数大）。因此，从比较整数的大小到比较小数的大小，要求同存异、融会贯通。

小学阶段主要学习整数、小数、分数等数的概念，这些概念本身是抽象的，只有为学生提供充分的可以感知的现实背景，才能使学生真正理解数的意义。而数学教学要提升课堂的教学效果和效率，需要教师对数学概念有精准理解，对数学思想方法能有效把握，我们的数学教学就是要在具体中见理性、浅显中见深刻、直观中见经典。这样才能有效建构模型，彰显数学的魅力。

参考文献

［1］黄爱华，罗忧红.理解意义　培养数感——"数的认识"备课解读与难点透视［J］.人民教育，2006（Z2）：15-26.

［2］刘万元.数形结合思想在数概念教学中的应用——"小数的初步认识"教学实录与思考［J］.小学数学教师，2017（12）.

［3］刘延革.从学生的现实起点出发认识"数"概念——"小数的初步认识"课堂实录［J］.小学教学：数学版，2010（9）：15-18.

［4］邵颖.数形结合，多元拓展——"小数的初步认识"教学实践与思考［J］.小学数学教师，2017（11）.

［5］斯苗儿，赵海峰，江萍.寻找从生活经验到数学理解的桥梁——"小数的初步认识"一课的研究与实践历程［J］.小学数学教育，2015（17）：30-35.

［6］夏青峰."小数的意义"教学实录［J］.小学教学（数学版），2013（7）：18-24.

［7］袁锦红.透过分数看小数——谈小数的意义教学［J］.教育教学论坛，2015（22）：237-238.

负数的教学策略

北京市通州区宋庄镇中心小学　张　毅

负数的引入是在学生认识了自然数、分数和小数的基础上进行的，是数的概念的进一步扩充，为中学学习有理数做准备。根据小学生的思维发展水平，《义务教育数学课程标准》（2011年版）在"课程内容"的"第二学段"中，提出了"在熟悉的生活情境中，了解负数的意义，会用负数表示日常生活中的一些量"的学习要求。此要求，一是限定了解的层次，二是在具体的生活情境中了解。因此，小学不出现负数的数学定义，只要求学生能辨认正负数，能举例说明什么样的数是正数，什么样的数是负数。同样，关于数轴的认识，教材也没有给出严格的数学定义，只是让学生借助已有的"在直线上表示正数和0"的经验，迁移类推到负数，能在直线上表示出正数、0和负数所对应的点。

仔细研读《义务教育数学课程标准》（2011年版）的内容要求，教师可以在教学中把握好以下三点：

一、联系生活，感知负数

负数是一个与正数意义相反的数学概念。它的形成源于对生活中具有相反意义的事物数量的刻画，如增加与减少、上升与下降、盈利与亏损等。而对于部分学生来说，基于生活经验，他们可能在某些地方已经知道了负数的存在，但对于负数产生的背景不清楚，对负数意义的理解也有一定难度。因此，在教学时，应通过丰富多彩的生活实例，唤醒学生已有的生活经验，让学生在具体的情境中体验学习负数的必要性。

由于学生的生活经历不同，对一些生活现象的感知也不一样。教学前我们要找准学生的学习起点，了解学生的生活经验。首先，要清楚学生关于负数已经知道了什么，达到了什么程度，什么样的情境是学生熟悉的；然后有的放矢，以学定教，或细腻、或粗放、或分享、或讲解，一切看学生整体情况而定。

教学中，教师结合大量生活实例，让学生了解正、负数存在的现实背景，感受正、负数应用的广泛性。教学时安排一些现实的素材，如温度、收支、相对水位、海拔、时区、电梯、股市、存折、账单、玩电脑游戏的计分、误差、负增长……这些现实情境可以更好地让学生理解生活中的一些负数。

比如京教版教材和人教版教材都不约而同地运用了温度情境图（图1、图2）。

数，就这样认识

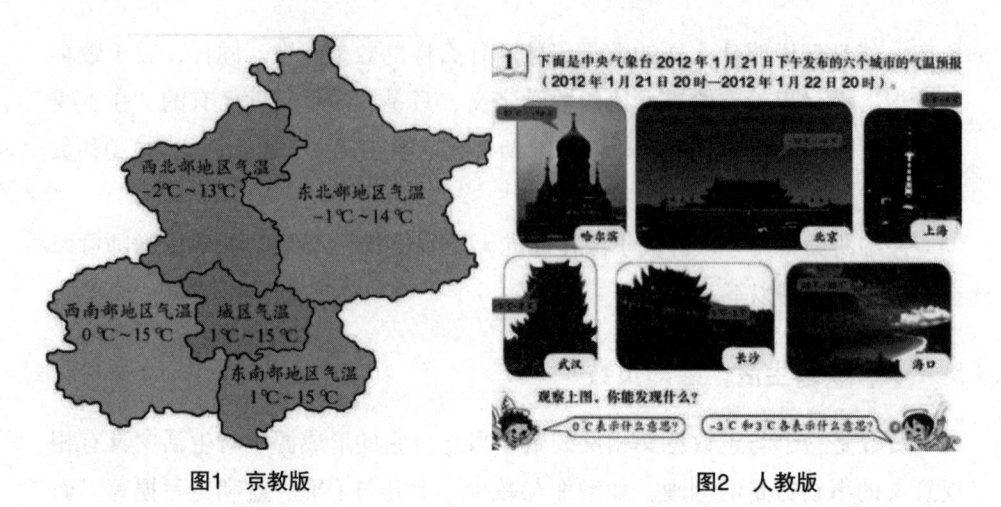

图1 京教版　　　　　　　　　　　图2 人教版

因此，我们在教学时可以通过丰富多彩的现实情境，激发学生的认知矛盾，让学生在具体情境中感受引入负数的必要性，催生学习的需求。

二、数形结合，理解负数

对于学生来说，负数无疑是一种抽象的存在。尽管他们在现实生活中时有接触，并且基于具体的情境，他们或许对负数的含义也有了朴素与朦胧的认知，然而，"不可思议""不存在""虚假"仍然是学生乃至数学发展史上人们对于负数的真实感受。因而，如何让这些"不可思议"的数变得"触手可及"，如何让这些"虚假"的数变得真实可信，继而成为学生可以把握、可以理解的数？无疑"数形结合"是一种比抽象语言描述更贴近他们的表达方式。然而，由于种种原因，数与形常常分而处之、各成体系。寻找并建立它们之间的横向联系，已经成为数学学习乃至数学自身发展的重要命题。《义务教育数学课程标准》（2011年版）中常有提及的数形结合、几何直观等思想，正是这一努力的真实写照。然而，在数的认识领域为了帮助学生更好地认识整数、小数和分数，我们常常会借助小棒、方格、柱形、方块、数线、面积等重要的直观数学模型，唯独在认识负数时，除了仅有的数线（数轴），我们很少涉及其他直观模型，学生对于相对抽象、颇难理解的负数，理解起来无疑是雪上加霜。所以，恰当地引导学生结合自身对负数含义的理解，结合具体的现实背景，通过画图来理解负数的含义，恰恰成为弥补上述缺憾的重要因子。而从数形结合的角度来看，形的直观恰恰可以丰富数的抽象，形是对数的一种重要补充和完善。

张齐华老师在《负数》一课中就是让学生通过"画"负数，将负数与图形进行了有机的结合。

师：写四个单位层、摄氏度，米，元。

生：在上面添上数-1层，-2℃，-99米，-100元。

师：这4个负数表示什么意思？你能理解吗？

师：4人一组，借助直观图，没有直观图光用语言去表示可能会有点抽象。发挥团队的力量把这4个负数所表示的意思用4幅图画出来（画示意图，示意图不用很复杂，画出意思即可）。4名同学中要推选一人进行画图，其他三人和他商量如何画，提出错误点和改进意见。看哪个组最善于合作，开始。

师巡视，分别找4名同学将自己的作品画到黑板上。

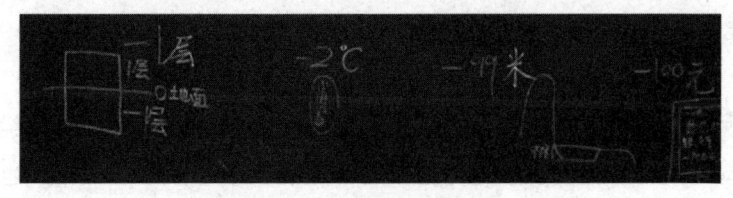

图3

交流第一幅图：-1层。

（生1讲解。）

（生2质疑可能地下一层地下二层，要画地面上一楼。）

生3：要标上刻度。

师：有条长长的线是什么？

生：横线是地面。

师：再来看看-1层，比地面还要低一层。

师：没有这条线可不可以。

生：不可以。

师：一起来看这里（师画了3层楼）指着第二层问这是几楼？

生：2楼。

师：随手画了一条线，问这到底是几楼。

生：-2楼。

师：地面消失你还能判断这是第几楼吗？地面一出现你能判断这是几楼吗？这就是地面必须存在的理由。

师：还有想提问的吗？他的图和你的图有什么不一样的地方吗？

（学生没找到。）

师：发现了吗？他在线这里写了个0，平时我们把这条线叫作地面，那这个0是什么意思？

生1：表示0层。

生2：表示1层以下，-1层以上。

师：好，刚刚画这幅画的同学告诉我，这条线是地面，我问她为什么要在线上写个0，她说在数学上地面也可以看作0，这是我历史上第一次听到地面是0的回答。

师：我不仅认同她的观点，还要在这条线上浓浓地加上一笔。如果没有它我们能判断这是几层吗？有了它就可以判断这是几层了。

生活化、运用数形结合思想是教学中常见的一种思路，在原有经验中让学生体验知识的形成，能够更好地帮助学生引发学习数学的热情，也有利于学生更快更好地抓住概念的本质特征，从而在头脑中形成概念。

三、沟通联系，完善数概念

小学生在学习自然数、分数、小数的过程中，已经了解了在数轴上表示0及正数的方法，认识了数轴的正半轴。而教师在教学时也可以通过在一条直线上"向西走多少米""向东走多少米"这一表示距离和方向的实际情境，引出在数轴上用正数、0和负数表示行走的距离和方向，让学生感受正负数的分界点，而刘德武老师执教的《认识负数》是通过旋转温度计来认识数轴的。

以下为刘德武老师《认识负数》一课的教学片段。

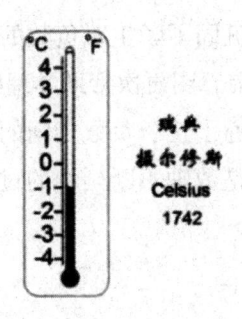

图4

师：现在水银柱指向的高度应该是多少摄氏度呀？

生：负1摄氏度，零下1摄氏度。

师：生活中可以说零下1摄氏度，也可以说得学术一点，是负1摄氏度。（板书-1）这个-1是一个数，带上单位，就是一个量。（板书：℃）

（教师讲述摄氏度的来历，以及0℃、100℃和1℃的标志）

师：水银柱从0℃下降了1.5格，现在的温度应该是多少摄氏度？

生：-1.5℃。

师：它是一个负的小数。（板书-1.5）谁还能说出另外一个负的小数？

生：-2.3、-4.5。（教师板书）

师：既然有负的整数、负的小数、那按道理还应该有——

生：负的分数。（学生举两个负分数的例子）

……

师：把一系列数"横过来"形成数轴（如图5），引出韦恩图所说的正数、负数和0的关系。

-8 -7 -6 -5 -4 -3 -2 -1 0 1 2 3 4 5 6 7 8

图5

师：可以用韦恩图表示正数和负数的关系，在图6所示的方法中，只有一种正确，其他两种都是错误的，你觉得哪种是正确的？

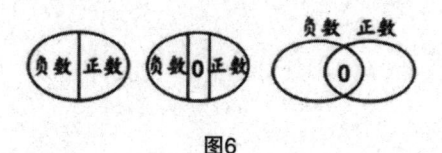

图6

237

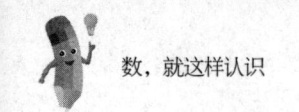

这种教学策略，不仅巩固了学生对负数的理解，而且很好地帮助学生认识了温度计的读数。利用韦恩图再次帮助学理解了正数、负数和0的关系，既直观形象又简单明了地沟通了正、负数之间的联系，增强了学生的认知，从而感知数据的扩充其实就是数轴不断延伸的过程，既渗透了数形结合和分类思想，又完善了数概念。

参考文献

[1] 蔡宏圣.直观感性对抽象理性的言说——《认识负数》的教学重构[J].江苏教育，2011（Z1）：51—54.

[2] 刘德武，张晚霞."认识负数"教学实录及赏析[J].小学教学（数学版），2017（Z1）：57-60.

[3] 张齐华."认识负数"教学实录[J].小学数学教育，2018（Z2）：35-37.

[4] 张齐华.从"特殊"到"一般"——"认识负数"一课给我的启示[J].小学数学教育，2018（Z2）：38-39.